Dem sagenhaftesten Angler Widmannsdorfs
von den Autoren

[signature]

&

Ines Markgraf   18.05.2008

Mit Sagen durch das Boitzenburger Land

Bernhardt Rengert und Ines Markgraf

Gewidmet den Bewohnern, Gästen und
Freunden des Boitzenburger Landes

Schibri-Verlag

© 2008 by Schibri-Verlag
Matthias Schilling
Dorfstraße 60
17337 Uckerland, OT Milow
Tel.: 039753/22757
E-Mail: Schibri-Verlag@t-online.de
http://www.schibri.de

Umschlaggestaltung: Arite Nowak
1. Auflage 2008
Fotos: Ines Markgraf

ISBN 978-3-937895-82-6

Inhaltsverzeichnis

Ein paar Worte vorab

Es gibt zwar unzählige Sagenbücher, doch werden Sagen kaum noch erzählt. Das ist durchaus zu bedauern. Gerade Sagen sind ein sehr unmittelbarer Ausdruck der Verbundenheit mit einer ganz bestimmten Region. Ihr Reiz geht dabei nicht nur von der volkstümlichen, mitunter geradezu naiven Erzählweise aus, sondern auch von der Kunst des Erzählers, den Sagenstoff mit vorstellbaren Ereignissen aus dem Lebensumfeld seiner Zuhörer anzureichern. Bis ins beginnende 20. Jahrhundert hinein gelang es so immer wieder, auch alten Sagen jenes Maß an Glaubwürdigkeit zu verleihen, das staunend zuhören ließ. Anknüpfend an die Erlebniswelt und die familiären Überlieferungen der ländlichen Bevölkerung spielten da Zeiten wie die des Dreißigjährigen Krieges eine herausragende Rolle. Je weiter zurück sie für die Sagenerzähler lag, desto mehr neigten sie dazu, alles furchtbare, alles lebensbedrohliche und erschreckende auf diese dreißig Jahre zu Beginn des 17. Jahrhunderts zu schieben. Das war einfach glaubhaft, selbst wenn es nicht immer stimmte. Ein anderer wichtiger Bezugspunkt war in den Sagen stets die Herrschaft, hier besonders die Familie und späteren Grafen von Arnim. Sie hatte ihren Stammsitz von 1528 bis 1945 auf Schloss Boitzenburg und beeinflusste in dieser Zeit maßgeblich die Geschicke der Orte, die sich seit 2002 zur uckermärkischen Gemeinde Boitzenburger Land zusammengeschlossen haben.

Da die Erzähltradition der alten Lokalsagen inzwischen weitgehend abgerissen ist, finden sich in den hier zusammengetragenen, überlieferten zwar kaum Hinweise auf die Gegenwart, aber die Orte des Geschehens lassen sich bis heute besuchen. Manches wird gar erst bei näherer Betrachtung offenbar. Darum versteht sich das vorliegende Buch auch als Einladung zu eigenen Entdeckungen im Boitzenburger Land, als Aufforderung zum Besuch und zum Weitererzählen. Die kleine Sammlung kann keinen Anspruch auf Vollständigkeit erheben, obwohl sie schon weit mehr Sagen enthält als ihre 19 Kapitel vermuten lassen. Mit der Sammlung wird aber der Versuch unternommen, den historischen Wurzeln der erzählten Sagen nachzuspüren. Entstanden ist dabei ein kleiner Einblick in die Geschichte einer Region, die manch spannendes, auch unterhaltsames zu bieten und bei allen Höhen und Tiefen vor allem immer wieder ihre Lebensfähigkeit bewiesen hat.

Die Freude am Entdecken, die auf den Fotos noch gepaart ist mit der Lust und dem Vergnügen an darstellendem Spiel und am sich verkleiden, wünschen wir allen Bewohnern, Gästen und Freunden des Boitzenburger Landes.

Bernhardt Rengert
Ines Markgraf
Wichmannsdorf, Mai 2008

Findlinge und Hünen

Steinreich sei die Uckermark, wird gern erzählt, und das stimmt auch. Seit Menschengedenken wachsen die Steine hier förmlich nach. Ein Vorgang, der sich physikalisch erklären lässt und mit dem Frostauftrieb im wassergesättigten Boden zu tun hat. So nimmt denn das Steinesammeln auf den Äckern kein Ende und die Lesesteinhaufen an den Feldrainen türmen sich von Jahr zu Jahr weiter auf. Wir wissen, dass dieser Steinreichtum durch die Vorstöße der skandinavischen Gletscher in den verschiedenen Eiszeiten entstanden ist und können mitunter sogar sehr genau die Regionen benennen, aus denen die beim Rückzug des Eises hier abgelagerten Geschiebe stammen. Die das Gebiet des Boitzenburger Landes wie Girlanden von Nordwest nach Südost durchziehenden Hügelketten sind Endmoränenwälle des Pommerschen Stadiums der so genannten Weichselkaltzeit. Sie enthalten so viel Steinmaterial, dass es einst abgebaut und von Steinschlägern bearbeitet für den Kirchen-, wie für den ländlichen Straßen- und Hausbau Verwendung fand.

Unseren Vorfahren waren die mehr als 10.000 Jahre zurückliegenden Vorgänge, die zu diesem Steinreichtum führten, nicht bekannt. Noch weniger vermochten sie das in unserer Region anscheinend besonders zahlreiche Auftreten großer, beeindruckender Brocken – der „Findlinge" – zu deuten, und so verknüpften sie eigenes Erleben mit übernatürlichen Vorstellungen aus vorchristlicher Zeit zu sagenhaften Erklärungen.

Der mit etwa 41 Kubikmetern Volumen größte Findling der Umgebung ist der „Verlobungsstein" im Boitzenburger Tiergarten, der sich leicht am linken Hochufer des Stromes, nördlich des Weges vom Kloster Boitzenburg zur Rummelpforter Mühle, finden lässt. Er soll von einem Riesen in Menschengestalt, einem „Hünen" – weshalb solch riesige Steine auch „Hünensteine" genannt werden –, von Prenzlau aus auf den Boitzenburger Kirchturm geschleudert worden sein. Der Riese hatte zwar gut gezielt, aber mit zu wenig Schwung geworfen, so dass der Stein zu früh niederfiel. Beim Aufschlag zersprang der riesige Brocken. Noch heute finden sich im näheren Umkreis be-

achtliche Bruchstücke des Wurfgeschosses. Zu ihnen gehört neben dem Findling, der heute als Denkmal in Berkholz steht, auch der „Dornstein" in der Wichmannsdorfer Feldmark nordöstlich der Rummelpforter Mühle, der mit seinen 29 Kubikmetern nur wenig kleiner als der „Verlobungsstein" ist.

Es gibt aber auch eine modernere Variante der Sage um Herkunft und Bedeutung des „Verlobungssteines". Sie klingt nicht ganz so urtümlich, denn der Stein wurde erst in jüngerer Zeit in der Weise freigelegt, wie er sich dem Betrachter heute zeigt. Demzufolge soll in Wichmannsdorf erzählt worden sein, dass es einem der Arnim-Söhne nur dann gestattet würde, eine Tochter aus bürgerlichem Hause zu heiraten, wenn es ihm gelänge, diesen Stein von der Stelle zu bewegen. Ob der Betreffende erfolgreich war, ist nicht überliefert, doch ist die Zeit über solche Gebote längst hinweggegangen. So ist ein in der Nähe des Steines auf einer Tafel zu findender schlichter Reim aus heutiger Zeit wohl auch passender:

> „Wollt ihr im Leben glücklich sein?
> So trefft euch am Verlobungsstein.
> Und wie der Ring den Stein umschlingt,
> seid beide ihr dann auch beringt.
> So tief und fest wie dieser Stein,
> wird später eure Liebe sein."

Herkunft der kleinen Warther Glocke

Frei stehende Glockenstühle sind gar nicht so selten, wie mancher glauben mag. Wer sich in ländlichen Gemeinden umtut, wird ihnen immer wieder begegnen. Üblicherweise stehen sie – manche mit einem einfachen Schutzdach versehen, manche auch ohne – ganz in der Nähe der zugehörigen Dorfkirche. In Warthe ist das anders. Hier steht der Glockenstuhl seit dem 19. Jahrhundert auf dem Priesterberg, in der Nähe des Friedhofes, gleich hinter dem Gasthof „Drei Eichen". Von der Kirche aus ist er nicht sichtbar. Den Warthern war von ihrem Kirchenpatron 1834 genehmigt worden, ihn an der Stelle zu errichten, wo sich noch heute Fundamentreste der einstigen, mittelalterlichen Kirche finden. Sie stammte wohl aus dem 13. Jahrhundert und wurde wie viele Kirchen der Umgebung im Dreißigjährigen Krieg (1618–1648) zerstört. Bis 1741 konnte sie wieder aufgebaut werden, doch keine hundert Jahre später war ihr Fundament auf dem sandigen Hügel von Wind und Wasser so ausgespült, dass der Einsturz von Turm und Kirche drohte. Daher verfügte das Templiner Landratsamt 1823 ihren Abriss. Noch im Frühjahr begann dieser, doch erst 1825 konnte der Neubau einer Kirche auf dem Dorfanger in Angriff genommen und dann im Folgejahr auch beendet werden. Für einen Turm reichten die Mittel damals nicht.

Die Glocken wurden derweil in der Schmiede aufbewahrt. Die älteste und zugleich kleinste stammt noch aus katholischer Zeit. Die mittlere aus dem Jahre 1619 musste im Ersten Weltkrieg abgegeben werden. Die große Glocke aus späterer Zeit erlitt im Zweiten Weltkrieg zunächst das gleiche Schicksal, doch konnte sie nicht mehr eingeschmolzen werden und die Warther erhielten sie 1951 zurück. Seitdem sind die kleine und die große Glocke wieder im Glockenstuhl vereint. Wie aber die kleine Glocke, die sogar den Dreißigjährigen Krieg überstanden hatte, in dem bereits so viele Glocken zu Geschützen umgegossen worden waren, in die Warther Kirche gelangte, davon berichtet eine alte Sage.

In uralter Zeit soll es im Großen Warthesee Feen gegeben haben, die den Bewohnern der Gegend viel Gutes taten. Auf dem Grund des Sees stand ihre Kirche, und in der Nähe des Sees war zuweilen das liebliche Geläut der Glocken zu hören. Ja, noch heute – so wird erzählt – seien die Töne dort in stillen Sommernächten aus großer Tiefe zu vernehmen. Vor vielen Jahren nun war am See eine Bäuerin aus Warthe mit dem Waschen von Kindersachen beschäftigt. Drei aus dem Wasser ragende, knorrige Wurzeln, die sie für abgestorbene Erlen hielt, kamen ihr da gerade recht. Auf die eine hatte sie die gespülte Wäsche gelegt, auf die beiden anderen aber ein Brett, um mit dem Waschholz die Sachen auszuklopfen. Doch wie erschrak sie, als nach einigen Schlägen ein Geräusch wie von Glockengeläut ertönte und sich die beiden vermeintlichen Erlenwurzeln tatsächlich als die Hauben zweier Glocken erwiesen, die langsam immer tiefer im See versanken. Geistesgegenwärtig riss die Frau noch das Brett aus dem Wasser, dann lief sie ins Dorf, um sogleich allen von ihrem unheimlichen Erlebnis zu berichten. Als die ersten, beherzten Warther zum See eilten, sahen sie dort eine Glocke im Wasser stehen. Das war die dritte Glocke, die ihren Schwestern nicht mehr in die Tiefe hatte folgen können. Die auf ihrer Haube abgelegten Kindersachen hatten sie an die Oberfläche gebannt. Mit zwölf Pferden gelang es, die Glocke aus dem See zu ziehen und später auf den Kirchturm zu bringen.

Einer anderen Version zufolge soll die Glocke im Stroitzsee zwischen Mahlendorf und Warthe gefunden worden sein, als spielende Mädchen dort ihre Puppenkleider wuschen. Nicht von Feen ist dort die Rede, sondern von einer wie Vineta oder Atlantis im See versunkenen Stadt, zu der die Glocke gehört haben soll. Doch schon ein genauer Blick auf die kleine Glocke im Glockenstuhl belehrt uns eines Besseren. Sechs Reliefs zeigen neben einem Lamm, zwei Vögeln und dem Adlerschild auch die Krönung Marias und Jesu Kreuzigung. Sie weisen damit keineswegs auf Feen und Zauberer hin, sondern eher in die Zeiten früher Marienverehrung, wie sie die Zisterzienser in der Mark pflegten. Das lässt sich beweisen, denn aus alten Urkunden ist überliefert, dass die Nonnen des Zisterzienserklosters Boitzenburg schon 1295 erste Einkünfte aus dem damaligen Bauerndorf Warthe erhielten.

Name und Herkunft der Arnims

Seit Jahrhunderten gehört die Familie von Arnim zu den in der Uckermark begütertsten Geschlechtern. Das mag in den Stuben der Bauern und Landarbeiter zu jener Sage geführt haben, die im uckermärkischen Platt erzählt am schönsten klingt und ein wenig an die Legende des Aufstiegs vom Tellerwäscher zum Millionär im Land der unbegrenzten Möglichkeiten erinnert.

„Dät is nu all lang' her, dunn is in Suckow 'n Scheper west, de het Arndt heten. De het eens schön'n Dags an'n Uckersee sine Schap högt. As he so hinner sine Schap stunn un knütt't 'n Por witte Strümp, dunn kümmt da de Markgraf von Brandenburg angeräden. De het grad 'n Krieg hat mit de Pommern. He was besiegt word'n und woll sich nu retten. Dabi is he an'n Uckersee kam'n, grad an de Stell, wo de Scheper Arndt högte. Nu wull' he öber de Ucker un de Pommern in de Flank' fallen. Wo aber öber kam'n? Da hat em Scheper Arndt 'ne flacke Stell' wist; dörch de is de Markgraf met sine Mannschaft dörchräden. He het de Pommern besiegt, un as he torügg kem, het he den Scheper an deselbe Stell' troffen. He woll'n belohn'n un bot em Geld an, de Scheper aber woll nischt nähm'n. Da sä de Markgraf dremal: `Arndt, nimm!` un woll em Geld gäb'n, aber de Scheper het't nich dahn. Dunn het de Markgraf seggt, denn will he em anners belohn'n; he het'n adlig makt und het em den Nam'n von Arnim gäb'n."

Festgehalten wurde diese Sage in einer 1922 veröffentlichten Sammlung des Heimatforschers Rudolf Schmidt, die in ihr geschilderten Ereignisse jedoch liegen wesentlich weiter zurück. Sie reichen in die unsicheren Zeiten beharrlicher Grenzstreitigkeiten und Fehden zwischen den pommerschen Herzögen und den brandenburgischen Markgrafen, die der uckermärkischen Landbevölkerung besonders viel Leid brachten. Erst der im März 1250 zwischen den Parteien geschlossene Vertrag von Landin beendete die Zwistigkeiten und sprach die Uckermark den Markgrafen zu (*). Es ist durchaus

möglich, dass sich damals im Gefolge des Landesherrn bereits ein Arnim befand. Schon zu Beginn des 13. Jahrhunderts taucht der Name in Urkunden auf. Erster bekannter Namensträger ist ein 1204 erwähnter „Alardus de Arnhem". Ein Schäfer, wie es in der Sage heißt, war er nicht. Auch die Schreibung des Namens ist nicht ungewöhnlich, denn selbst Friedrich Schiller nutzte sie noch in seiner 1792 erstmals herausgegebenen „Geschichte des Dreißigjährigen Krieges". Kein anderer als Hans Georg von Arnim aus Boitzenburg ist darin mit „General von Arnheim" gemeint. Ende des 13. Jahrhunderts, 1286, trat nachweislich erstmals ein Arnim im Gefolge des Markgrafen in einer Urkunde des Klosters Boitzenburg auf. Zu den reicheren Geschlechtern zählten die Arnims aber selbst hundert Jahre später noch nicht. Die Rittergüter waren seinerzeit nicht allzu groß und gutsherrliche Eigenwirtschaften, wie bei den Klöstern damals schon üblich, entwickelten sich erst später. Neben dem Landesherrn waren die Klöster zu dieser Zeit die größten Eigentümer in der Mark. Noch heute decken sich ehemalige Besitzgrenzen des Klosters Boitzenburg mit dem Grenzverlauf zwischen den Bundesländern Brandenburg und Mecklenburg-Vorpommern. Erst allmählich vergrößerte sich der Besitz der Familie von Arnim in der Uckermark. Bis zum Erlöschen ihrer Linie Alt-Boitzenburg im Jahre 1737 gehörte im übrigen auch Suckow noch zu Boitzenburg. Dem Ursprung der Sage aber kommen wir wohl am nächsten, wenn wir die darin auftretende Berufsbezeichnung „Schäfer" genauer hinterfragen. Sie gibt einen Hinweis auf die Entstehungszeit. Den oft auch „Pfennigsucher" genannten Schafen hatte Friedrich Wilhelm Graf von Arnim besondere Aufmerksamkeit gewidmet. Persönlich ordnete er die Verhältnisse in der Boitzenburger Schäferei neu und führte 1788 mit einigem Erfolg die ersten Merino-Schafe zur Verbesserung der Wollproduktion ein. Ihm da anerkennend nachzusagen, dass seine Vorfahren Schäfer gewesen sein müssen, ist so unberechtigt also nicht.

(*) Die 1427 in Templin und Eberswalde geschlossenen Friedens-, Beistands- und Freundschaftsverträge beenden dann endgültig die immer wieder ausbrechenden blutigen Auseinandersetzungen mit den Herzögen von Pommern und Mecklenburg.

Unterirdische in Thomsdorf

Als „Tubenstörpe" und „Thobestorp" wird das heutige Thomsdorf in den ersten schriftlichen Überlieferungen bezeichnet. Es ist eine Wortschöpfung aus dem deutschen Grundwort „Dorf" und dem slawischen Bestimmungswort „Toben", die „Dorf, das nach einem Mann namens Toben benannt wurde" bedeutet und den Schluss erlaubt, dass an der Gründung der Siedlung einst auch Slawen beteiligt waren. Schriftliche Quellen aus slawischer Vorzeit gibt es zwar nicht, doch wissen wir durch archäologische Funde, dass an diesem Ort schon vom 9. bis zum 12. Jahrhundert eine alt- und jungslawische Siedlung bestand. Folgende aus der Thomsdorfer Gegend erhalten gebliebene Sage ist wohl auch Ausdruck eines längere Zeit andauernden Nebeneinanders und Austausches slawischer und deutscher Siedler, so dass die slawische Überlieferung nahezu unverfälschten Eingang in das deutsche Erzählgut finden konnte.

Vor unserer Zeit, so wurde erzählt, haben die Unterirdischen auf der Erde regiert. Das sei so lange so gewesen, bis die Bauern ihre Äcker nicht mehr nur in gerader Richtung auf und ab, sondern auch rundherum und über Kreuz geeggt hätten. Seitdem sind sie verschwunden. Im Allgemeinen lässt sich den Unterirdischen nichts Übles nachsagen, nur dass sie immer gern die kleinen Kinder der Menschen aus den Wiegen nahmen und dafür ihre Alten hineinlegten, die sie gut versorgt wissen wollten. Das taten sie auch bei einer Bäuerin in Thomsdorf. Sobald die das Essen auf den Stubentisch gestellt hatte und noch einmal in die Küche eilte, kletterte der alte Unterirdische flugs aus der Wiege und machte sich über das Essen her. Die Bäuerin bekam ihn dabei nie zu sehen, merkte aber schnell, dass die Sache ja wohl nicht mit rechten Dingen zugeht und überlegte, wie sie hinter des Rätsels Lösung kommen könnte. Sie kochte ein paar alte Schuhsohlen, als wolle sie ein köstliches Mahl bereiten, servierte sie wie gewöhnlich auf dem Tisch und versteckte sich hinter der Stubentür. Kaum war sie aus der Tür, kletterte der Alte wieder aus der Wiege und wollte sich gerade auf das Essen stürzen, als er sah, was ihm da kredenzt worden war. Verwundert schrie er: „Bün doch so old

as böhma Gold un hew noch keen Schohsahlen äten!" Als die Bäuerin das hinter der Tür hörte, sprang sie in die Stube, hieb schimpfend auf den Alten ein und drohte ihn zu erschlagen. „Du verflockter unnerärtschker racker", rief sie, „ik hew glöwt, ik hett min lew kint in de wej, un nu hew ik son unnerärtschken, de mi all dach min äten upfreten deit!" – Der Alte lief um sein Leben ... und kaum war er aus der Tür, schrie der kleine Sohn der Bäuerin auch schon wieder in der Wiege.

Die Sage berichtet wenig darüber, wie wir uns die Unterirdischen vorzustellen haben. Doch sie sind verwandt mit den Kobolden, Heinzelmännchen, Erdleuten und Zwergen, soweit sie zu den Hausgeistern zählen. Abgesehen von ihrer Unart, die Kinder aus den Wiegen zu nehmen, waren sie recht harmlos, stets hilfsbereit und für Gefälligkeiten der Menschen dankbar. Nur wenn ihnen Unrecht geschah, konnten sie auch böse werden. Sie sollen breit, stark und so klein gewesen sein, dass neun von ihnen in einem Backofen noch mit Flegeln Korn dreschen konnten. Im übrigen hätten sie ziemlich dicke Köpfe gehabt, lebten aber scheu und zurückgezogen in der Erde, unter Grabhügeln, in Bergen und in alten Gewölben. Kappen konnten die grau oder rot gekleideten Winzlinge unsichtbar machen, so dass die Menschen ihre Anwesenheit meist nur an ihren Taten bemerkten. Dass die kleinen, hilfreichen Geister aus slawischer Zeit heute verschwunden sind, hängt offensichtlich mit der Christianisierung der slawischen Bevölkerung zusammen. Dafür steht das Über-Kreuz-Eggen in dieser Sage, denn im christlichen Selbstverständnis macht die Form des Kreuzes – wie es uns in anderen Erzählungen auch als Kreuzweg oder Kreuzknoten begegnet – alles Übernatürliche und Böse offenbar und zunichte. Außerdem heißt es, dass die Unterirdischen das Läuten der Glocken nicht vertragen konnten.

Entstehung des Arnimschen Wappens

Das Familienwappen derer von Arnim ist schlicht. Es zeigt zwei waagerechte silberne Balken auf rotem Grund. Wie die Familie zu diesem Wappen kam, das berichtet eine Sage.

Es soll im Kampf gegen die Friesen gewesen sein, als sich das Heer vor der feindlichen Übermacht zurückziehen musste. Mit knapper Not hatten die Flüchtenden sich über eine hölzerne Brücke noch ans Ufer retten können, als auch schon ihre Verfolger heran stürmten. In aller Eile waren zwar die Bohlen von der Brücke gerissen, doch die beiden tragenden Balken zu zerstören, das gelang nicht mehr. Zu schnell waren die Verfolger und drängten am jenseitigen Ufer schon nach. Beherzt sprang da ein Arnim auf die Balken und verhinderte jedes Weiterkommen der Feinde mit dem blanken Degen. Zur Belohnung erhielt er von seinem Fürsten den Ritterschlag und durfte von da an zwei silberne Balken in rotem Feld als Wappen führen.

Behalten wir zunächst im Gedächtnis, dass nicht vom Markgrafen von Brandenburg, sondern von „seinem Fürsten" die Rede ist. Es muss also nicht der Markgraf gewesen sein, dem jener Arnim damals diente. Wir werden es noch brauchen. Den Friesen wird in der Sage unrecht getan. Waren diese Nordländer doch stets ein wehrhaftes, aber keineswegs ein angriffslustiges Volk, so dass mit den Friesen der Sage wohl eher Dänen gemeint sind. Ein „Eridago ab Arnim" soll sich 988 unter Kaiser Otto III. im Krieg gegen die Dänen durch besondere Tapferkeit hervorgetan haben, als diese in das Land Hadeln bei Stade eingefallen waren. Nur ist es der Genealogie bisher nicht gelungen, eine unmittelbare Verbindung dieser nach 1190 in den Niederlanden auftauchenden Edlen mit der später in der Uckermark ansässig gewordenen Familie zu knüpfen. Dieser niederländische Stamm führte bis zu seinem Erlöschen 1671 stets einen roten Adler auf silbernem Feld in seinem Wappen. Wann also könnten die sich aus dem altmärkischen Flecken Arnim herleitenden, an der Seite der Markgrafen, Kurfürsten,

Könige und zuletzt des Kaisers zu Ansehen, Rang und Besitz gelangten Arnims der Uckermark ihren Ritterschlag empfangen haben? Das lässt sich nur vermuten. Vielleicht 1215, als Markgraf Albrecht II. von Brandenburg zusammen mit König Otto IV. in seinen Abwehrkämpfen gegen die Dänen Hamburg eroberte. Die auffällige Ähnlichkeit des Wappens der Edlen von Steglitz, die zwei rote Balken im silbernen Feld führten, gab stets Anlass zu der Annahme enger verwandtschaftlicher Verhältnisse. Schon lange vor den Arnims zählten sie zu den hoch angesehenen Geschlechtern in der Uckermark, und das Sinken ihres Sterns fällt mit dem Aufstieg der Arnims zusammen. Das Aufgehen der einen Familie in der anderen lässt sich aber genauso wenig belegen wie eine – wenn auch nur kleine – Wappenänderung. Mit Sicherheit zu identifizieren ist das Arnimsche Wappen dagegen erstmals an einer wohl in Prenzlau ausgestellten Urkunde vom 23. April 1378. Knapp 400 Jahre später, am 2. Oktober 1786, bestätigt das Grafen-Diplom dem „Justiz-Rath Friedrich Wilhelm von Arnim, seinen ehelichen Leibes-Erben und dererselben Erbens Erben Männ- und Weiblichen Geschlechts" nicht nur dieses Wappen, sondern „vermehrt und verbessert". Die nunmehrigen Grafen von Arnim aus dem Hause Boitzenburg führen ein in Gold eingefasstes, auf beiden Seiten eingebogen, unten Spitz zulaufendes quadriertes Schild. Im zweiten und dritten roten Feld tauchen darin wieder die jeweils zwei silbernen Balken auf, im ersten und vierten Feld aber nun „ein vorwärts gekehrter schwartzer Adler mit roth ausgeschlagener Zunge, Goldner Crone, Schnabel und Füsse, auch dergleichen Kleestengeln, in den Füssen". Umgeben wird dieses gräfliche Wappen noch von allerlei ebenso genau vorgeschriebenem Zierrat, wie beispielsweise „einer goldenen, mit silbernen Perlen auf den Zinken gezierten Grafen Crone". So findet sich dieses Wappen bis heute gleich mehrfach in Boitzenburg. Etwa am Eingang zum Erbbegräbnis, am Mittelrisalit des Marstalls oder auch als besondere Zierde des Prospektes der Buchholz-Orgel in „St. Marien auf dem Berge". Das 2007 bestätigte viergeteilte Wappen der Gemeinde Boitzenburger Land greift in gewisser Weise auf diese lange Tradition zurück und zeigt ebenfalls im zweiten und dritten roten Feld die beiden silbernen Balken.

Der unterirdische Gang in Boitzenburg

Eine richtige Sage ist es eigentlich nicht. Die Sagenforscher würden es ein „Memorat" nennen, einen „indirekten Sagenbericht von einem individuellen übernatürlichen Erlebnis, der subjektive Glaubwürdigkeit beansprucht". Das lässt sich auch einfacher sagen, denn hier geht es um das sich schon seit Generationen haltende, hartnäckige Gerücht von einem unterirdischen Gang, der einst das Schloss in Boitzenburg mit „St. Marien auf dem Berge" und diese wiederum mit dem Kloster verbunden haben soll, von dem aber auch keiner mehr weiß, wer es in Umlauf gebracht hat.

Sollte es diesen Gang tatsächlich gegeben haben, dann wäre er zweifellos eine technische Meisterleistung seiner Schöpfer. Eine Meisterleistung, die selbst heute im Zeitalter des U-Bahn-Baus und kilometerlanger Unterwassertunnel noch eine Herausforderung darstellen würde, die nur mit erheblichem Aufwand zu bewerkstelligen wäre. Die Bauleute im Mittelalter aber, zumeist nur dienstverpflichtete Bauern der Umgebung, hatten in den damaligen unsicheren Zeiten nicht einmal die nötige Ruhe für solch ein langfristiges Projekt. Also legen wir die Sache gleich ad acta? Vielleicht doch nicht so schnell, schließlich soll an jedem Gerücht ein Stückchen Wahrheit kleben und mit der gebotenen Nüchternheit betrachtet, tritt dabei das eine oder andere an Wissenswertem zu Tage.

Zunächst einmal fehlt dieser Überlieferung jede Handlung, die auf ihren Wahrheitsgehalt geprüft werden könnte. Alles reduziert sich auf die Aussage, dass es in Boitzenburg einen Gang zwischen Schloss, Kirche und Kloster gäbe. Am ehesten hatte die Anlage eines solchen Ganges wohl einen Sinn, als das Kloster sich gerade im Aufbau befand und das Boitzenburger Schloss noch seine ursprüngliche Schutzfunktion als Wasserburg zu erfüllen hatte – also gegen Ende des 13. Jahrhunderts. Sowohl das Burg-Schloss als auch die Kirche und das Kloster sind seitdem teilweise erheblichen baulichen Veränderungen unterzogen worden. Insofern ist schon verwunderlich, dass

dabei offenbar niemand auch nur auf Reste des gesuchten Ganges gestoßen ist. Ein paar Anhaltspunkte aber gibt es. So existierte noch bis zum Ende des 20. Jahrhunderts unterhalb der Schlossbrücke eine halbhohe, rundbogige Öffnung, die in einen gebückt zu betretenden, gemauerten Gang mündete, der sich nach wenigen Metern gabelte und dann auf die Grundmauern des Bibliotheksflügels und der heutigen Küche zulief. Ob diese heute verschlossenen und nicht mehr sichtbaren Kanäle möglicherweise als gedeckte Verbindungsgänge zur ehemaligen Zugbrücke fungierten, wie sie von alten Stichen noch bekannt ist, lässt sich nur mutmaßen. Eigentlich waren sie dafür zu niedrig und zu eng. Da liegt es näher zu glauben, dass sie nach dem Stülerschen Schlossumbau (1838 – 1842) zur unterirdischen Ableitung der enormen Regenwassermengen von den Dachflächen benötigt wurden und nach dem erneuten Umbau durch Carl Doflein (1881– 1884) ihre Funktion verloren. (Da die Herrschaft Boitzenburg 1856 zur Grafschaft erhoben wurde, waren innerhalb relativ kurzer Zeit solch umfangreiche Um- und Erweiterungsbauten erforderlich.) In den Kellern des Schlosses finden sich heute keine Hinweise, wie verschlossene Eingänge, verdeckte Türen, ungewöhnliche Hohlräume oder Ähnliches mehr, was auf einen eventuell dahinter liegenden Gang schließen ließe (*). An der Klosterruine im Tiergarten gibt es zwar von außen nach unten weisende Türöffnungen und Fenster, doch waren das wohl nur Kellereingänge und Lichtschächte, wie sie auch im Kloster Chorin anzutreffen sind. Logischer wären vom Innern des Klostermauerwerks nach unten weisende Öffnungen bei der Suche nach dem Gang, doch die finden sich nicht. Dem lässt sich zwar entgegenhalten, dass die Keller eingestürzt sind, doch lag das Kloster auf einer Anhöhe in sumpfigem Umfeld, da ist ein noch tiefer angelegter Gang mehr als unwahrscheinlich. Neue Nahrung aber fand die immer wieder erzählte Geschichte, als in der Kirche jüngst hinter dem Altar einige Bodenplatten ohne sichtbaren Grund in einen darunter gelegenen Hohlraum einbrachen. Vergessen wurde dabei allerdings, dass die Kirche ursprünglich viel kleiner war und sich an Stelle des späteren Choranbaus auch Teile des ursprünglich die Kirche umgebenden Friedhofs befanden. Da wird wohl eines der alten Gräber nachgegeben haben. Für das Vorhandensein eines geheimen Ganges in Boitzenburg gibt es also nach wie vor keine greifbaren Beweise. So bleibt nur, darüber nachzusinnen, ob dieser Umstand nicht ein großes Glück ist, denn wie viele Sagen gibt es doch von anderen Orten, wo solche Gänge gefunden wurden und die armen Tröpfe, die man zu ihrer Erkundung dann hinein schickte, nie wieder das Tageslicht zu Gesicht bekamen. Um wie vieles schöner ist da doch ein gemütlicher Spaziergang zwischen Schloss, Kirche und Kloster, der zu jeder Jahreszeit zum Erlebnis wird.

(*) Einzig bemerkenswert in diesem Zusammenhang ist wohl eine versteckte Tür im hölzernen Paneel des so genannten Norwegerzimmers im ersten Obergeschoss des Neuschlosses, die in ein kleines Turm-Erkerzimmer führt. Dieses einst gräfliche Esszimmer wurde allerdings erst 1906 im norwegischen Jugendstil von dem Berliner Tischler Paulus in einer Kombination aus Holz und blauem Speckstein gefertigt. Die „Geheim"– Tür aber ist sicher nur aus einer Laune seines Auftraggebers, Dietlof Graf von Arnim-Boitzenburg, an dieser Stelle eingefügt worden.

Die alte Frick

Die als Museum und technisches Denkmal noch immer voll funktionstüchtige Boitzenburger Klostermühle bildet den Hintergrund für eine Sage, die in graue Vorzeiten weist. In ihr begegnen wir nicht etwa dem Kobold und Müllergesellen Pumpfuß, der als enger Verwandter des sorbischen Pumphut oder Krabat mit so manchem uckermärkischen Müller seinen Schabernack getrieben haben soll, sondern einer noch älteren Sagengestalt.

Die alte Frick ist des Teufels Großmutter, heißt es da. Des Nachts hat man sie oft umhertoben hören, und manch einer will sie sogar gesehen haben. Zu erkennen ist sie leicht an den zottigen Hunden, die sie stets bei sich führt. Wenn sie bellen, soll ihnen blankes Feuer aus Maul und Nase schießen. Vor etlichen Jahren nun, als noch der Mahlzwang herrschte, fuhr auch ein Bauer aus Naugarten zur Boitzenburger Mühle, um dort sein Korn mahlen zu lassen. Er hatte sich etwas verspätet, so dass er seinen mit den Mehlsäcken beladenen Wagen erst in der Dunkelheit wieder heimwärts lenken konnte. Vor sich hin dösend hörte er plötzlich ein gewaltiges Toben und schon im nächsten Augenblick sah er die alte Frick mit ihren Hunden auf ihn zustürmen. Geistesgegenwärtig schüttete er das Mehl vor die Hunde, die sich gierig darüber hermachten und alles auffraßen. Wieder daheim musste er wohl oder übel erklären, warum er mit leeren Säcken kam. „Frau", berichtete er betrübt, „mir ist es schlimm ergangen, mir ist die alte Frick begegnet, und da hab ich ihren Hunden nur eiligst das Mehl vorgeschüttet, um sie loszuwerden". Seine Frau aber entgegnete ihm nüchtern: „Sind die Säcke leer, so wirf die nur auch hin!" Das tat der Bauer, doch wie erstaunt war er, als er am anderen Morgen die Säcke prall gefüllt genau an der Stelle fand, wo er sie am Abend zuvor verschüttet hatte.
Der „Mahlzwang" nötigte einst die Bauern, ihr Getreide in einer bestimmten Mühle zu mahlen. Auf seine strenge Einhaltung wurde mit dem Kerbholz – einem gespaltenen Holzscheit – geachtet, dessen Gebrauch noch heute in der Klostermühle vorgeführt wird. Dieser Mahlzwang wurde in Preußen erst 1810 aufgehoben. Bis dahin hatten

auch die Naugartener Bauern noch ihr Getreide in der Mühle des Boitzenburger Klosters mahlen zu lassen, zu dessen Besitz das Dorf bis zur gerichtlichen Auseinandersetzung der letzten Nonne mit den Herren von Arnim im Jahre 1572 de facto zum Teil noch gehörte. Die Mühle war schon 1538 in den Besitz der Arnims übergegangen und wurde seither als Pachtmühle betrieben. Im Dreißigjährigen Krieg zerstört, um 1640 in Fachwerkbauweise wieder errichtet, hat sie mit einigen im Laufe der Jahrhunderte notwendig gewordenen Veränderungen die Zeiten überdauert.

In unserer Sage konnte der Bauer die Hunde durch verschüttetes Mehl besänftigen. Das geht auf den alten Glauben zurück, dass allzu heftiger Wind, der hier durch Toben oder Stürmen (dem Hecheln der Hunde) verkörpert wird, durch Füttern mit Mehl zu beruhigen sei.

Weit interessanter ist aber die Gestalt der „Frick". Sie geht auf „Frigg", die im Havelland auch als „Frau Harke" und anderenorts „Frau Gode" genannte oberste germanische Göttin zurück, die in Wodans Gefolge vorzugsweise in den „Zwölf Nächten" vom 25. Dezember bis zum 6. Januar ihr Unwesen trieb. Böse im eigentlichen Sinne war die Urmutter nicht. Zur „argen Hexe" und wie hier zu „des Teufels Großmutter" ist sie erst in späteren christlichen Umdeutungen geworden.

Hätte der Bauer aber seinen Weg in den 20er Jahren des vergangenen Jahrhunderts durch den Boitzenburger Tiergarten genommen, hätte er hier einer anderen „Urmutter" begegnen können. Im Oktober 1921 hatte Dietlof Graf von Arnim im Tiergarten ein Wisentgehege einrichten lassen. Zu den ersten drei Tieren gehörte auch die Ferse „Kauka", die gemäß den Vorschriften des internationalen Zuchtbuches den Namen „Frigga" trug und mit zehn in Boitzenburg gesetzten Kälbern zur Stammmutter einer bis zum Ende des Zweiten Weltkrieges blühenden Zucht wurde. Natürlich lässt sich der Inhalt der Sage auch ganz anders deuten. Wäre es nicht möglich, dass dem Bauer die Zeit des Wartens an der Mühle zu lang geworden ist? Er könnte in den Krug gegangen sein und, während er einen über den Durst trank, die Säcke in der Mühle vergessen haben. Als er torkelnd die Pferde losband, brauchte er sich bis Naugarten um nichts mehr zu kümmern, denn die Pferde fanden den Weg auf den Hof auch ohne ihn.

Die letzte Nonne

Schon in seinem 1860 in Berlin veröffentlichtem Werk „Schloss Boytzenburg und seine Besitzer, insonderheit aus dem von Arnimschen Geschlechte" berichtet das Mitglied des Vereins für die Geschichte der Mark Brandenburg und damaliger Superintendent zu Gransee, Ernst Daniel Martin Kirchner, über eine sich um das Kloster rankende Sage. Ihren Wortlaut hat er leider nicht aufgezeichnet. Wir erfahren von ihm nur, dass zu dieser Zeit von den Bewohnern Boitzenburgs noch die Sage von der Susannen-Eiche erzählt wurde. Unter dieser Eiche, schrieb er, soll „die letzte Nonne Namens Susanna häufig trauernd gesessen habe(n), und endlich darunter begraben worden sei(n)". Um in diese Überlieferung ein wenig Licht zu bringen, ist ein kleiner Exkurs in die Geschichte des Klosters nötig.

Am 25. Juli 1271 übereigneten die Markgrafen Johann II., Otto IV. und Conrad dem „Claustro Boyceneburch" die Mühle, zehn Hufen sowie die Patronatsrechte über die Kirchen in Boitzenburg, Krewitz, Klaushagen und Hardenbeck. Diese erste landesherrliche Stiftung für den zu diesem Zeitpunkt schon bestehenden Nonnenkonvent gilt als Gründung des Zisterzienserklosters, das sich zu diesem Zeitpunkt sicher noch im Bau befand. Die Anlage wie auch verschiedene Stilelemente des Backsteinbauwerks weisen auf die enge Verwandtschaft zum Kloster Chorin. In den folgenden Jahrhunderten gelang es den Jungfrauen, den unruhigen Zeiten zum Trotz, den Klosterbesitz durch weitere Schenkungen und gezielte Erwerbungen stetig zu vermehren und abzurunden. Gegen Ende des 15. Jahrhunderts traten dann auch in Boitzenburg erste Anzeichen einer Stagnation auf. Als sich Kurfürst Joachim II. zu Beginn des 16. Jahrhunderts zur Reformation in Brandenburg bekannte, war das weitere Schicksal des Boitzenburger Klosters schließlich besiegelt. Am 1. Juli 1539 verkaufte der Kurfürst seinem Landvogt Hans von Arnim auf Schloss Boitzenburg den gesamten Klosterbesitz für „vierthalb Tausend Gulden Brandenburgischer Währung". Aus heutiger Sicht ein wirklich vorteilhaftes Geschäft, doch der Landesherr steckte in finanziellen Nöten. Wohl nicht ganz

freiwillig musste der Landvogt noch am 1. Mai 1528 einem Tauschgeschäft Joachims I. zustimmen, hatte sein Schloss in Zehdenick geräumt und dafür Schloss Boitzenburg übernommen. Der kurfürstliche Nachfolger versüßte seinem „Landvogt im Ukerlande, Rath und lieben Getreuen Hansen von Arnim" nun keine elf Jahre später mit der ordentlichen Belehnung den Tausch und legte damit nicht zuletzt die entscheidende Grundlage für die Herrschaft Boitzenburg. Einige Fallstricke – und hier findet sich der Bezug zur Sage – enthielt der geschlossene Vertrag aber wohl doch. Hans von Arnim kannte oder ahnte sie, denn nicht ohne Grund wird er seinen Erben 1552 testamentarisch Folgendes auf den Weg gegeben haben: „Insonderheit bitte ich meine Söhne, weil sie der Jungfrauen allhier zu Boytzenburg Güter besitzen, dass sie ihnen ja an dem, was ihnen gebührt, nichts abbrechen, und das, was ich ihnen gegeben habe, auch reichen und geben sollen". Hans von Arnim hatte sich 1539 für sich und seine Lehenserben verpflichten müssen, nicht nur der Äbtissin und allen verbliebenen Jungfrauen ein lebenslängliches Wohnrecht im Kloster zu gewähren, sondern sie darüber hinaus auch „Zeit ihres Lebens mit Essen, Trinken, Kleidung und Nothdurft, wie sie solches von Alters und allweg aus den Klostergütern gehabt haben" zu versehen und zu versorgen. Überdies sollte es ihm sogar „unverbunden sein, über diese Anzahl, so itzo im Kloster vorhanden, mehr Jungfrauen daselbst einzunehmen", was der faktisch dauernden Aufrechterhaltung des Klosterkonvents gleich gekommen wäre. Dazu scheinen sich indes weder er noch seine Söhne durchgerungen zu haben. Nach dem Tod „der andächtigen, edlen und vieltugendsamen Jungfer Catharina Warborg" kam es mit der letzten, im Kloster verbliebenen Nonne, Katharina von Arensdorff, 1572 zum Streit mit den Brüdern Curt und Bernd von Arnim. Die ihr zustehenden Einkünfte insbesondere aus Naugarten flossen bei weitem nicht so, wie sie sollten. Der im selben Jahr in Prenzlau geschlossene Vergleich übertrug dann den Brüdern allen bis dahin noch Katharina von Arensdorff am Dorfe Naugarten gehörenden Besitz und ihre Rechte. Im Gegenzug hatten sie ab dem Folgejahr nur noch ein lebenslängliches Wohnrecht im Kloster zu gewähren, allerdings mit stattlichen Beihilfen zum Lebensunterhalt. So hatten die Naugartener Bauern ihr weiterhin jährlich das Küchenholz „so vill sie dessen bedorfftigk" zu liefern und sie daneben zu ihren Freunden und wohin sie sonst noch wollte, zu fahren. Auch die Liste der jährlichen Naturalleistungen liest sich gewaltig: „I tonne Herink, IX Schfl. Malz zu Allen VI wochen, I feist Schwein, I Rindt, das loblich sey, II Wisp. Rocken, II Wisp. Haber, II Schfl. Buchweizen, XXI Gense, LVIII Hunner, I tonn Butter ... , I Hammell, X Zehntlemmer, I Schfl. Erbsen, II Emmer Honnich, Auf II Personen vor und vor Brodt. Item Kuchenfische alle mittwoche und freitage." – und das war längst nicht alles. Auch wenn die letzte Nonne also nicht Susanna, sondern Katharina hieß und im übrigen der Vorname Susanna auch unter den in Urkunden überlieferten Namen der Klosterjungfrauen nicht ein einziges Mal auftaucht, einen Grund zur Traurigkeit hatte diese letzte Boitzenburger Nonne wohl kaum. Wenn damals alles wie vereinbart eingetreten ist, dürfte sie zufrieden und glücklich gewesen sein – bis an ihr Lebensende. Darüber aber schweigt sich die Überlieferung aus.

Der Böttchermeister aus Boitzenburg

Das Handwerk des Böttchers, eines „Bottichmachers", in anderen Gegenden auch Büttner oder Küfer genannt, ist heute kaum noch geläufig. Der berühmte Nürnberger Künstler und Holzschneider Jost Amman hat dabei die Abbildung eines „Bütner" schon 1567 in sein „Ständebuch" aufgenommen und kein Geringerer als der Meistersinger Hans Sachs verfasste dazu damals eine Tätigkeitsbeschreibung: „Ich bin ein Bütner" reimte er „und mach stolz / Auß Förhen, Tennen, EichenHolz, Badwann, Schmalzkübl, Scheffel und gelten / Die Bütten und Weinfässer, weltn / BierFässer machen, bichen und bindfen / Waschzübr thut man bey mir finden / Auch mach ich Lägl, Fässer und Stübch / Gen Franckfurt, Leipzig und Lübig." (*) Vor dem Dreißigjährigen Krieg wird es wohl in Boitzenburg einen Böttcher gegeben haben, doch erst 1713 – also 65 Jahre nach Kriegsende heißt es dann, dass wieder einer vorhanden sei. Ein Jahrhundert später, 1801, gibt es ihrer zwei und 1861 sogar schon zwei Böttchermeister, die auch einen Gehilfen beschäftigen, doch dann schweigen die Annalen. Sollte keiner mehr die Dienste eines Böttchers benötigt haben oder der letzte Boitzenburger Böttcher zu so unerwartetem Reichtum gelangt sein, dass er das Arbeiten nicht mehr nötig hatte? Eine Sage lässt uns das glauben.

Vor vielen, vielen Jahren – so wurde erzählt – hätte in Boitzenburg ein ehrsamer Böttchermeister gelebt. Eines Abends, als er nach den Anstrengungen des Tages gerade in den wohlverdienten Schlaf sinken wollte, rief ihn eine geheimnisvolle Stimme. Er solle ins Kloster kommen und sein Handwerkszeug mitbringen, denn es gäbe viel Arbeit für ihn. Als er vor die Tür trat, empfing ihn dort ein Mann mit langem weißen Bart, der ihn durch mehrere unterirdische Gänge in einen großen Keller führte, in dem zahllose, bis an den Rand mit Gold und Silber gefüllte Fässer standen. Die – so lautete sein Auftrag – solle er mit neuen Ringen versehen. Er machte sich denn auch ans Werk, doch im flackernden Licht der Tranlampe kam es ihm vor, als geisterten die alten Nonnen um die Fässer. Vom Grausen erfasst rannte er nach Hause und verkroch sich im Bett. Selbst das

Handwerkszeug hatte er vor lauter Angst im Keller vergessen. In der folgenden Nacht kam der Alte wieder. Herzlich dankend brachte er dem verdutzten Böttchermeister sein Handwerkszeug zurück. Es sei gut, dass er es zurückgelassen hätte, erklärte er, denn auf die Arbeit verstünden sie sich im Kloster auch selbst. Jetzt konnte der Meister wieder ruhig schlafen. Wie er aber am anderen Morgen erwachte, da lag neben seinem Bett ein Haufen Geld und so war er mit einem Schlag ein reicher Mann. Aber er wäre wohl noch viel reicher geworden, wenn er die Arbeit selbst getan hätte.

Vergessen wir an dieser Stelle die unterirdischen Gänge, von denen schon die Rede war, und wenden wir uns stattdessen den Klosterschätzen zu. Joachim II. hatte seinen Landvogt Hans von Arnim schon 1536 angewiesen, ein Inventar der wertvollen Gegenstände des Klosters zu erstellen. Das geschah am Dienstag nach dem 17. Januar des Jahres und wurde von der damaligen Äbtissin Elisabeth Czernekow auch mit ihrem Siegel bestätigt. An goldenen und silbernen Kleinodien aber ist dort nur Folgendes aufgezählt: „Erstlichenn Eine silbern monstrance vorguellt, Ein klein Viaticum vorguellt, Sechs kelcke, hiermangh vhiere vorguellt, Czwe silberne pacificalia vorguellt, Noch ein klein silberne vorguellt pacifical, Czwe silbernn Apullenn, ... feunnff silbernn spannghen". Mehr nicht und selbst diese Dinge tauchen in späteren Inventaren des Schlosses nie auf. Zum Teil wurden sie wohl nach der Säkularisation noch einige Jahre für die in der Klosterkirche weiter abgehaltenen Gottesdienste benötigt, andere werden vielleicht an „St. Marien auf dem Berge" gegangen sein, einiges mögen die letzten Nonnen an sich genommen haben. Erhalten geblieben ist davon nichts. Der größte, überlieferte Schatz des Klosters Boitzenburg ist seinerzeit gar nicht inventarisiert worden. Das sind zweifellos die in seltener Vollständigkeit erhaltenen Urkunden des Klosters von der Gründung bis zur Auflösung – insgesamt über 120 Stück. Diesen schon vom Landvogt dem Schlossarchiv zugeschlagenen und bis 1945 auch dort bewahrten Schatz haben der aus Böhmen stammende Teichgräber Adam von Eisten und seine aus Sachsen stammende Frau Katharina im Frühsommer des Jahres 1667 sicher nicht gesucht. Sie hatten sich nach dem Klosterkeller erkundigt und dort wohl auch gegraben. Als sie deshalb der Schatzgräberei bezichtigt und verhört wurden, leugneten sie selbst noch, als ihnen mit der Tortur gedroht wurde und dem von Eisten am 14. November 1667 in Prenzlau sogar vom Angstmann „die Daumstöcke und Schnüre" angelegt, zugeschraubt und zugezogen wurden. Zwölf Tage später, heißt es, sind sie entlassen und des Landes verwiesen worden. Ob und was sie am Kloster gefunden haben, geht aus den Akten nicht hervor. So hat die Sage weiter Nahrung, doch sie will uns etwas lehren: Zwar ist es möglich, durch glückliche Umstände zu Wohlstand zu gelangen, wahrer Reichtum aber wird nur durch eigener Hände Arbeit erlangt. Ein anderes weises Wort sagt: „Was Du ererbt von deinen Vätern, erwirb es, um es zu besitzen" – von „schenken" ist da keine Rede.

(*) geltn = kleine hölzerne Schöpfgefäße und Kübel / weltn = Zuber, Fässer / Lägl = Fässchen / Stübch = Fässer, zum verpacken trockener Güter / Lübig = Lübeck

Die mecklenburgische Prinzessin

Fast märchenhaft klingt, was sich in Thomsdorf vor langer Zeit zugetragen haben soll.

Die Thomsdorfer Kirchentür trägt die Jahreszahl 1580 und zeigt in ihrer Mitte tiefe Einschnitte, deren Spuren auf der Innenseite durch ein darüber genageltes Holzkreuz teilweise bedeckt sind. Was es mit dieser Tür für eine Bewandtnis hat, darüber wird im Ort noch heute das Folgende erzählt. Es wäre im Dreißigjährigen Krieg gewesen, als sich eine mecklenburgische Prinzessin hier mit Müh und Not vor den ihr nachsetzenden Schweden in Sicherheit hatte bringen können. Als ihre Verfolger heran waren, fanden sie die Tür des festen Gotteshauses verschlossen. Von innen zusätzlich mit einem starken Balken gesichert, war sie nur mit roher Gewalt zu öffnen. So versuchten die Unverdrossenen, die schweren Bohlen der Tür durch Axthiebe zu zertrümmern. Fast hätten sie ihr Ziel erreicht, doch schließlich von feindlichen Truppen gestört, mussten sie noch kurz zuvor Hals über Kopf fliehen. Das war die Rettung für die edle Frau. Als Dank für den Schutz, den ihr das Gotteshaus gewährt hatte, soll sie – so heißt es – der Kirche ein Stück Land geschenkt haben.

Die Sage weiß keinen Namen zu berichten, auch wann dieser Überfall genau geschehen ist, erfahren wir nicht. Die Jahreszahl könnte ein Anhaltspunkt sein, doch passt sie nicht zum Dreißigjährigen Krieg, der bekanntlich erst 1618 ausbrach. Ein mit ihr im Zusammenhang stehendes Ereignis aus der Geschichte Thomsdorfs oder seiner Kirche ist nirgends festgehalten und so bleibt sie wohl ein Rätsel. Noch bis ins 15. Jahrhundert hinein war Thomsdorf mecklenburgisch, fiel dann jedoch an das märkische Kloster Boitzenburg und ging nach dessen Säkularisierung in Arnimschen Besitz über. Thomsdorf war im Dreißigjährigen Krieg also längst brandenburgisch. Sich in Zeiten kriegerischer Auseinandersetzungen über eine nahe gelegene Landesgrenze zu retten, macht einen

gewissen Sinn, so dass es denkbar erscheint – so wie es die Sage berichtet – Anhaltspunkte für die Flucht der Prinzessin in den Jahren zwischen 1618 und 1648 zu suchen. Das sind 30 Jahre, in denen neben den Söldnern der Kriegsgegner auch nicht wenige marodierende, auf eigenen Vorteil bedachte Haufen Stadt und Land verwüsteten. Für die einfache Landbevölkerung, die in ihren Erzählungen das Ereignis bewahrte, spielte es da schon während des Krieges irgendwann keine Rolle mehr, wer von den stets nach dem Motto „Der Krieg ernährt den Krieg" verfahrenden Söldnern sich gerade als ihr Freund oder Feind ausgab. Die Belastungen und Leiden, die alle kriegführenden Parteien den Thomsdorfern brachten, unterschieden sich so wenig, dass nur die Erinnerung an das wundersame Erscheinen einer „mecklenburgischen Prinzessin" im Gedächtnis blieb, die ihnen in dieser schweren Zeit nicht wie all die anderen damals nahm, sondern sie sogar noch beschenkte. Mangels überlieferter schriftlicher Zeugnisse bleibt die weitere zeitliche Eingrenzung des sagenhaften Ereignisses ein Problem mit vielen Unbekannten. Selbst ein Blick auf das mecklenburgische Herrscherhaus macht es uns nicht leichter. Mit dem schwedischen König sogar verschwägert, nehmen sie in diesem Krieg eine lavierende Haltung ein. Zeitweilig durch die Einsetzung des in kaiserlichen Diensten stehenden Wallenstein als neuem mecklenburgischen Landesherrn völlig entmachtet, mussten sie das Eingreifen des schwedischen Königs eigentlich begrüßen. Schon bald nach seiner Landung bei Peenemünde hatte Gustav Adolf mit seinem Heer die Kaiserlichen zunächst aus Mecklenburg vertreiben können und auch das nahe gelegene Feldberg mit einer schwedischen Besatzung versehen. Die Kaiserlichen unter Tilly aber wollten sich nach ihrem Rückzug aus dem Stargarder Land nicht so bald geschlagen geben. Es begann ein ständiges Hin und Her zwischen Schweden und Kaiserlichen, bis Tilly am 2. März 1631 mit einem riesigen Söldnerhaufen vor Feldberg erschien. Nach der Kapitulation der kleinen schwedischen Besatzung ließ er den Ort besetzen und ritt noch am selben Abend weiter nach Strelitz. Wenige Tage später, am 13. März, schlug er sein Hauptquartier auf der Burg Stargard auf, von wo aus er die kurze Belagerung Neubrandenburgs und furchtbare Rache befehligte, die seine Söldner an den Einwohnern und der sich dort tapfer verteidigenden schwedischen Besatzung nahmen. Der endgültige Beweis ist zwar nicht zu führen, aber vielleicht lässt sich die sagenhafte Flucht und Rettung tatsächlich am ehesten mit den äußerst verworrenen Ereignissen vom Ende Februar Anfang März 1631 in dieser Gegend in Einklang bringen. Das vorgeblich der Kirche geschenkte Stück Land – so heißt es – befindet sich genau an der Landesgrenze zwischen Dreetz- und Krüselinsee. Es soll der mecklenburgische Teil des zu Thomsdorf – und damit zur brandenburgischen Gemeinde Boitzenburger Land gehörenden – beliebten Campingplatzes am Dreetzsee sein.

Ein Wäschedieb an der Bleiche

In den Zeiten vor der Erfindung chemischer Bleichmittel wurde das neu gewebte und frisch gewaschene Leinen zum Trocknen und Ausbleichen auf Wiesen nahe der Waschstellen, an so genannten „Bleichen" ausgelegt. Gerade klare Vollmondnächte sollten da wahre Wunder bewirken, hieß es. Die Wäsche dann wieder zusammenzulegen und nach Hause zu tragen, war keine allzu schwere Arbeit, mit der von der Frau des Hauses durchaus schon mal die Kinder betraut werden konnten. So mag auch eine Wichmannsdorfer Bäuerin gedacht haben, als sie eines Abends ihre beiden Mädchen zur Bleiche schickte, um ein vergessenes Leinen zu holen. Heiter und herumalbernd machten sich die beiden auf den Weg. Durch Pfützen springend, quer durch Unrat und Mist ging es zu der Bleiche, wo das weiße Leinen leuchtete. Sich gegenseitig neckend wird eines der Mädchen auf das Tuch getreten sein und dunkle Spuren auf der frischen Wäsche hinterlassen haben, die nun auch noch übel roch. Da war guter Rat teuer und wieder daheim, mussten sie sich eine gute Geschichte einfallen lassen, um der wohl verdienten Strafe zu entgehen, denn damals saßen die Hand und der Rohrstock hinter der Tür noch ziemlich locker. Kleinlaut werden sie der Mutter die feuchte Wäsche überreicht und zu erzählen begonnen haben.

Auf dem Weg zur Bleiche sahen sie einen langen, schmalen, feurigen Streifen. Der sei so lang wie einer der Bäume an der Wiese gewesen, hätte vorn einen dicken Kopf gehabt und wäre geradewegs an der Bleiche niedergegangen. Eiligst seien sie nun dorthin gerannt und erblickten einen Pucks, der gerade das schöne Linnen zusammenraffte und damit fort wollte. Im letzten Augenblick konnten sie noch einen Zipfel erwischen. Bei dem nun folgenden Gezerre hätte eine von ihnen vor Anstrengung stöhnend dann „En schwinsdreck, en schwinsdreck!" gerufen. Der Pucks ließ mit einem Male von dem Wäschestück ab und sei auf und davon geflogen. Anschließend mussten sie lange waschen, um den fürchterlichen Gestank wieder aus dem Zeug heraus

43

zu bekommen, weswegen sie nun erst so spät zu Hause wären und das Leinen auch noch feucht sei.

Wenn sie Glück hatten, wird die Mutter über die Phantasie ihrer Töchter gelacht und ihnen verziehen haben. Vielleicht aber sind sie der Strafe für ihr Missgeschick doch nicht entgangen, denn die Mädchen brachten in ihrer ängstlichen Aufregung in der Geschichte einiges durcheinander. Sie konnte nicht stimmen. Nehmen wir einmal an, dass die Mutter selbst noch mit übernatürlichen Wesen aufgewachsen war und an sie glaubte. Dann wusste sie auch, dass Pucks Kobolde sind und konnte sie von einem „Droak" unterscheiden. Ihrer eigenen Beschreibung nach konnten nämlich die Mädchen nur einem Droak begegnet sein. Ein Droak ist plattdeutsch nichts anderes als ein Drachen. Solche, so wurde hierzulande geglaubt, fliegen nachts mit breitem Kopf und feurigem Schweif durch die Luft und verbreiten einen bestialischen Gestank. Sie nehmen dem einen etwas weg und tragen es einem andern zu. Mitunter soll solch ein Droak auch verschiedene Tiergestalt angenommen und sogar durch den Schornstein ins Haus gelangt sein. Doch das wäre dann schon wieder eine andere Geschichte.

Von verwunschenen Orten

Wer auf der Asphaltstraße zwischen Hardenbeck und der Abzweigung nach Mahlendorf unterwegs ist, nimmt die Häuser in der schmalen Lichtung links und rechts einer sanften Linkskurve als Ort kaum wahr. Auf der Landesstraße hat man es eilig und die Gedanken fliegen schon weit voraus. Unter diesen Umständen ist der Name des Hardenbecker Ortsteiles auch fast schon zu lang, um ihn im Vorüberbrausen überhaupt lesen zu können: „B-r-ü-s-e-n-w-a-l-d-e". An solch einem unscheinbaren Ort einmal anzuhalten, danach steht der Sinn nur wenigen, und so lässt es sich hier seit vielen Jahren beschaulich und einsam leben. Dabei war das längst nicht immer so. Im 18. Jahrhundert existierte hier nämlich nicht nur ein Teerofen, sondern direkt an der Chaussee auch ein Krug, der zum Verweilen einlud und in dem es so manches Mal hoch hergegangen sein muss. Arbeit gab es genug, die Gutssiedlung lebte regelrecht auf und man zählte mehr als 100 Bewohner.

Damals begann in den umliegenden Wäldern eine geregelte Forstwirtschaft und mit ihr der Lärchenanbau. Eingeführt hatte ihn Friedrich Wilhelm Graf von Arnim, der die Anregung dazu wohl seinen Reisen durch die Schweiz verdankte. Die übergroßen, schlanken Lärchen, die noch heute als Allee den Weg von Brüsenwalde zur südlich der Straße im Wald verborgenen ehemaligen Brüsenwalder Mühle, der „Düster Möll", säumen, sind ein beeindruckendes Zeugnis aus dieser Zeit.

Den Dorfkrug, in den damals auch viele Schmuggler einkehrten, gibt es längst nicht mehr. Er musste bald schließen, weil sich in der Nachbarschaft starke Konkurrenz entwickelte. Gerade im Sommer zogen es die mecklenburgischen Schmuggler vor, statt des Brüsenwalder den „Hölzernen Krug" zu besuchen. Diesen hatte ein pfiffiger Zeitgenosse in Grenznähe, just an einem Waldweg zwischen Mahlendorf und Thomsdorf, errichtet, auf dem die Schmuggler beim illegalen Viehdurchtrieb eine schmale Brücke zu passieren hatten. Kein leichtes Unterfangen, es kostete Schweiß und nahm einige Zeit in Anspruch. Dass ein anschließend gleich dort gereichter Trunk gern genommen wurde, lässt sich gut denken. Der unscheinbare Ort Brüsenwalde birgt aber

noch ganz andere Geschichten. Knapp 500 Meter nördlich der Chaussee, gleich neben dem kleinen Friedhof mit der winzigen Glocke im hölzernen Glockenstuhl, findet sich, von dichtem Gestrüpp verborgen, eine Ruine aus sauber behauenem Feldstein. Rechteckig, mit 22,4 Metern Länge und 11,15 Metern Breite fast auf den Zentimeter genau doppelt so lang wie breit, die Giebelseiten nach Osten und Westen gerichtet, ist unschwer zu erraten, dass sie einst eine Kirche war. Ihrem Aussehen nach ist die Ruine ein Relikt aus dem 13. Jahrhundert. Ausgrabungen, die 1911 an ihr durchgeführt wurden, förderten neben Resten der Kirche und ihrer Einrichtung in Form von eisernen Beschlägen, Schlüsseln und Nägeln auch Keramik und Münzen des 16./17. Jahrhunderts zutage. Was darauf schließen lässt, dass sie bis dahin noch genutzt worden sein könnte. Immerhin ist aus dem Jahre 1771 überliefert, dass der Gottesdienst in Brüsenwalde in einem Gebäude abgehalten wurde, das 175 Fuß lang und 34 Fuß tief, teilweise mit Rohr, in den übrigen „19 Gebind" aber mit Kienspan gedeckt war. Weiter heißt es in der Quelle, dass die Kirchstube, hinter der sich eine Kammer und eine Küche befanden, damals drei Fenster mit je vier Flügeln gehabt hätte. Von diesen Fenstern wiederum seien zwei mit je 64 und eine mit 48 Scheiben versehen gewesen. Eine Abbildung aus der Mitte des 19. Jahrhunderts zeigt die Ruine noch mit den drei großen, leeren Fensterhöhlen im Ostgiebel. Der ist mit Teilen der Südwand und eines in ihr befindlichen seitlichen Eingangs in jüngster Zeit weitgehend eingestürzt, so dass sich die Betrachtung der Reste des Bauwerkes aus gehöriger Entfernung empfiehlt. Irgend etwas aber stimmt hier nicht. Schon 1727 wird berichtet, dass die Kirchenmauer eingefallen ist, die um 1860 entstandene Abbildung zeigt die Ruine frei stehend in der Landschaft und das 1771 erwähnte Gebäude, „wo jetzt Kirche gehalten wird", muss die gewaltigen Maße von 50 Meter Länge und knapp 10 Meter Breite besessen haben! Was auch immer das zu bedeuten hat, schon für unsere Vorfahren war das Anlass zu Deutungsversuchen. Ganz geheuer ging es in solchen Ruinen für sie ohnehin nie zu. So ranken sich denn um „wüste" Kirchen wie die Brüsenwalder, die alte Krewitzer oder die bei Kröchlendorff auch manche Sagen von verwunschenen Orten. Besonders in stillen Vollmondnächten würde es in ihnen spuken und alljährlich am 24. Juni, in der Johannisnacht, sollen sich die Geister der dort Begrabenen in den alten Mauern ein Stelldichein geben. Gerade diese Kirchen sind oft schon bald nach ihrer Entstehung, in den Kriegen des 14. und 15. Jahrhunderts, durch Missernten oder infolge von Seuchen und Flucht der verbliebenen Bewohner aufgegeben worden und „wüst" gefallen, noch ehe jemand ihre Geschichte hätte aufzeichnen können. Häufig wechselnde Herrschaften, wie in Brüsenwalde, taten dann ein Übriges. Das Dorf gehörte erst zum mecklenburgischen Kloster Wanzka, ehe es an Himmelpfort, dann an Boitzenburg und schließlich in den Besitz der Arnims gelangte. Was wurde über die Jahrhunderte nicht alles versucht, hier im Grenzgebiet Bewohner dauernd sesshaft zu machen. Sogar Hugenotten wurden zeitweilig in Brüsenwalde angesiedelt. Ein dauerhafter Aufschwung aber blieb dem Ort versagt. Das mag seiner Lage geschuldet sein oder ist er am Ende doch ein wenig verwunschen?

Die Hardenbecker Glocke

Wer dem Lauf des Radweges „Spur der Steine" von Boitzenburg durch die Wegguner Straße zur Zerweliner Heide folgt, kommt unweigerlich zum „Roten Ochsen". Von diesem ehemaligen Wohnplatz und heutigen Rastplatz aus öffnet sich der Blick von der Waldkante hinüber bis nach Krewitz. Rechter Hand auf dem Acker liegt eine besonders im Frühjahr und Herbst ziemlich schlammige Senke, „Kolk" – in alten Urkunden auch „Kublitze" oder „Cobelitz" genannt, die wohl einmal ein etwas größerer Teich, ein „Pfuhl", gewesen ist. Im unmittelbar dahinter gelegenen kleinen Wäldchen finden sich noch die Feldsteinreste einer alten Kirche. An dieser Stelle stand ursprünglich das Dorf Krewitz, ehe es etwas weiter entfernt an heutiger Stelle wieder aufgebaut worden ist – allerdings ohne Kirche. Hierhin nun führt uns eine in jeder Hinsicht rätselhafte Sage, die 1891 in der Zeitschrift „Der Bär" erstmals veröffentlicht worden sein soll und später immer wieder in Sagensammlungen auftaucht.

Vor dem Dreißigjährigen Krieg hätte Krewitz eine ansehnliche Kirche mit stattlichem Kirchturm besessen, so wird erzählt. Doch Dorf und Kirche seien dann im Krieg vollständig zerstört worden. Im nahe der alten Dorfstelle befindlichen, mehrere Meter tiefen Pfuhl aber fand sich eine alte Glocke, die wohl während des Krieges dort versenkt worden war, um sie vor den Kaiserlichen oder den Schweden zu verstecken, die damals aus Kirchenglocken ihre Geschütze gossen. Mit einiger Mühe wurde sie geborgen. Wem aber gehörte sie? Der Fund wurde in der Gegend bekannt gemacht und mitgeteilt: Der Gemeinde, die ein Eigentumsrecht an ihr nachweisen könne, der sollte sie zugesprochen werden. Da sich niemand meldete, fiel die Glocke an Krewitz, in dessen Feldmark sie gefunden worden war. Weil Kirche und Turm aber nicht mehr vorhanden waren, musste für die Glocke ein Gerüst gebaut werden. Als sie nun zum ersten Mal geläutet wurde, war der Glockenriemen zu lang eingeschnallt, so dass der Klöppel auf der einen Seite stets zweimal und auf der anderen Seite einmal an die Glocke schlug und das Glockengeläut fortwährend „Harden-beck!, Harden-beck!" tönte.

Obwohl man Stillschweigen vereinbarte, drang das Gerücht von der sprechenden Glocke bald auch nach Hardenbeck. Tatsächlich gelang es den Hardenbeckern aus alten Urkunden den Nachweis zu erbringen, dass die Glocke ihnen gehörte und unter großem Jubel fand sie ihren Platz wieder im dortigen Kirchturm. „Harden-beck" aber ruft sie nun nicht mehr, denn der Glockenriemen ist jetzt kürzer geschnallt.

Das ist eine schöne Sage, an der aber so gut wie gar nichts zu stimmen scheint. Im Gegensatz zum im Dreißigjährigen Krieg anscheinend höchstens kurzzeitig zerstörten und entvölkerten Krewitz, war Hardenbeck seinerzeit so gründlich dem Erdboden gleich gemacht worden, dass es noch 1668 von einem Zeitzeugen hieß, im Dorf gäbe es nichts weiter zu sehen „alß etwas von der Kirchmauer". Erst um 1670 wurde an dieser Stelle wieder ein Vorwerk eingerichtet, die Kirche erst 1750, und der Kirchturm konnte gar erst 1761 wiederhergestellt werden. Ungleich besser ging es Krewitz, das nach der Teilung des Hauses Boitzenburg von 1649 zum Rittersitz mit Gutsbetrieb wurde, zu dem auch Mahlendorf, Küstrinchen, vier Untertanen in Thomsdorf und ganz Haßleben gehörten. In der Ortschronik von Warthe ist festgehalten, dass von der 1687 als „ganz wüst" bezeichneten, völlig eingestürzten und nie wieder aufgebauten Mahlendorfer Kirche zwei Glocken gerettet werden konnten. Das wären die „feine" Mittelglocke und die kleine Glocke gewesen. Der Mahlendorfer Schulze ließ 1693 für die „feine" Glocke einen Glockenstuhl bauen und die Glocke darin wieder aufhängen. Wohl zum Missfallen seines Herrn und Patrons, denn Christian Friedrich von Arnim ließ, wie es heißt, Stuhl und Glocke auf seinen Hof nach Krewitz bringen, damit sie läuten könne, wenn „sein Gesinde fressen soll". Das muss wirklich unverzüglich erfolgt sein, denn schon im Jahr darauf wurde neben Mahlendorf auch Krewitz an die Familie von Hacke aus Görlsdorf verkauft. Erst 1712 fielen sie wieder an die Herrschaft Boitzenburg. All das lässt nur den Schluss zu, dass diese „feine" Glocke vielleicht aus Krewitz nach Hardenbeck gelangt ist. Sollten die Hardenbecker für ihren neu errichteten Kirchturm wirklich die alte Mahlendorfer Kirchenglocke erhalten haben?

Allerlei Hexenkram

Jedes Kind kennt heute Bibi Blocksberg, freut sich an den Erlebnissen der kleinen Hexe und am Abend des 30. April, dem „Hexenabend", begegnen einem auf nächtlichen Straßen wieder häufiger fröhliche Kinder auf Klingeltour durch die Orte. Wir Erwachsenen genießen schmunzelnd die orgiastischen Szenen der Walpurgisnacht in Goethes „Faust", und viele feiern mit wachsender Begeisterung „Halloween". Darüber geraten Hexen wie die aus dem Märchen von Hänsel und Gretel fast in Vergessenheit. Dabei war es in der Uckermark noch bis in die zweite Hälfte des 19. Jahrhunderts durchaus üblich, am Abend vor dem 1. Mai die Stalltüren mit drei weißen Kreidekreisen zu versehen. Das sollte verhindern, dass den Tieren etwas Böses geschieht, wenn in dieser Nacht die Hexen zum Blocksberg fliegen. Wie sehr der Glaube an ihre Existenz und ihre übernatürlichen Fähigkeiten aber bis in unsere Tage hinein im Bewusstsein der ländlichen Bevölkerung noch verwurzelt war, das beweist uns eine aus der Gegend um Wichmannsdorf überlieferte Sage.

Das alte Weib eines Bauern, so wird berichtet, hätte es mit ihrem Knecht Hans getrieben. Eines Abends nun kam der gerade dazu, wie die Alte zuerst die Pfoten ihres grauen Katers und danach auch ihre Füße mit einer Salbe bestrich. Neugierig erkundigte er sich nach ihrem Tun und sie entgegnete dem Erstaunten: „Ich will nach dem Blocksberg reiten. Wenn du schweigen kannst, darfst du mich begleiten und mein Bediensteter sein".

Als er einwilligte, hieß sie ihn den schwarzen Hahn hereinzuholen und es ihr genau nachzutun. Als auch dessen Füße mit der Salbe bestrichen waren, standen mit einem Male ein schwarzer Hengst und ein Grauschimmel vor den beiden. Das Bauernweib schwang sich auf den Grauschimmel und rief: „Up un davon, nirgends an!" und ab ging´s durch den Schornstein. Der Knecht hatte wohl nicht recht aufgepasst und rief, als er auf seinem Hengst saß, statt dessen: „Up un davon, allweg an!" Auch dieses Pferd schwang sich nun durch den Schornstein hinaus, doch stieß es mit seinem Rei-

ter nun ständig irgendwo an, so dass sie ganz zerschunden am Blocksberg anlangten. Dort waren schon viele und die Alte hieß Hans bei den Pferden zu bleiben, bis auch er zum Schmaus geladen wurde. Als es soweit war, ließ der sich nicht lumpen, doch als es nach üppigem Mal ans Lieben ging, wurde er mit all´ den anderen Bediensteten wieder zu den Pferden geschickt. Kaum war alles vorüber, ritten sie heimwärts. Einige Zeit später verließ Hans aber den Hof, weil er sich mit der Bäuerin überworfen hatte und suchte sich einen neuen Herrn. Als erneut die Zeit heran kam, da es nach dem Blocksberg gehen würde, dachte er sich einen Schabernack für die Alte aus. Er führte seine Kameraden an einen Kreuzweg und ließ sie sich unter ein paar gegeneinander gestellte Eggen setzen. Es dauerte nicht lange, da konnte er seinen verblüfften Kumpanen zurufen: „Seht, seht, das auf dem Grauschimmel, das ist das alte Bauernweib und der ihr auf dem schwarzen Hengst folgt, das ist der alte Kretzschmar!" Sie konnten genau verfolgen, wie die beiden zwar gegen den Kreuzweg anritten, ihn aber nicht zu überwinden vermochten und statt dessen nun längs des einen Weges weiter mussten. Am nächsten Tag war Hans allein auf dem Felde und bemerkte, wie die Alte auf ihn zukam. Da er nicht mehr zu fliehen vermochte und nur einen Strick bei sich hatte, besann er sich auf ein anderes Mittel. Blitzschnell wand er den Strick um seinen Bauch, zog das eine Ende zwischen seinen Beinen hindurch, warf das andere über seine Schulter und verband beide vorn mit einem ordentlichen Kreuzknoten. So konnte ihm die Alte nichts anhaben. Die beschwor ihn nun, doch wieder zu ihr zu kommen, und als er sich darauf nicht einlassen wollte, bat sie ihn wenigstens seinen Kameraden zu erzählen, dass sie gestern nicht auf dem Grauschimmel geritten sei und bot ihm dafür zwanzig Taler. Das versprach Hans, nahm das Geld und erzählte seinen Kumpanen dann beim Feierabendbier: „Hört mal, gestern Abend hatte ich gesagt, das alte Bauernweib säße auf dem Grauschimmel, aber das stimmte nicht, sie ritt nur auf ihrem grauen Kater".

Was in dieser Sage fast fröhlich klingt, hat seinen Ursprung im Aberglauben der Bevölkerung. Hexen waren – so glaubte man – Menschen mit unheilbringenden Fähigkeiten, die man sich möglichst vom Leibe hielt. So wie man sich ihrer von Fall zu Fall dennoch bediente, wurde diesen meist kräuterkundigen Frauen auch Übles und völlig Unmögliches nachgeredet. Um etwa in der Walpurgisnacht, der Nacht vom 30. April zum 1. Mai, zum großen Hexensabbat auf den Blocksberg (auch eine markante Erhebung bei Warthe wird so genannt) zu gelangen, wo sie sich angeblich alljährlich mit dem Teufel vereinten, sollen sie sich einer speziellen Flugsalbe bedient haben. Diese hätten die „Hexen", die oft auch bei ungewollter Schwangerschaft oder als Hebamme zu Rate gezogen wurden, aus geraubten Kindern bereitet. Heute wissen wir, dass Heilkundige vieler Völker schon über das Wissen verfügten, sich und andere mit aus Pflanzen gewonnenen Extrakten in Trance zu versetzen. Verwendet als eine Art Narkotikum, konnte das durchaus zur Heilung beitragen. Von der Kirche wurde jeder Eingriff in den Zyklus von Leben und Tod, wie auch jede Andersgläubigkeit – wie sie sich etwa in dem aus dem Judentum entlehnten Begriff des „Sabbat" manifestiert – als Aberglaube, als Zauberei abgetan und verteufelt. Die Form des Kreuzes – hier des Kreuzweges, des gekreuzten Seiles, des Kreuzknotens und die aneinander gelehnten Eggen – sollten hingegen das vermeintlich Böse abwehren oder es gar sichtbar werden lassen.

Die Sage erinnert zugleich an die grausame Zeit der Hexenverfolgungen, die auch in der Uckermark ihre Opfer forderte. Eine Prozessakte des Jahres 1598 berichtet beispielsweise über Gertrud, die Frau des Bauern Jacob Wieland Zimmermann aus Zollchow am Unteruckersee, die von Paul Zabel der Zauberei bezichtigt wurde. Sie starb am 8. Mai 1598 im „untersten Saale" des Gollmitzer Herrenhauses, als der Scharfrichter bei halbstündiger Folter ein Geständnis von ihr erzwingen sollte. Die letzte Hexenverbrennung in Zehdenick ist für 1640 bezeugt, doch noch 1701 wurde in Fergitz ein offenbar geisteskrankes fünfzehnjähriges Mädchen der Zauberei angeklagt und zum Tode verurteilt. Erst ein Edikt des Königs Friedrich Wilhelm I. vom 13. Dezember 1714 schob dem Irrsinn im evangelischen Preußen einen Riegel vor. Verhindern konnte er aber auch nicht, dass in seinem Reich erst 1728 in der Stadt Brandenburg der endgültig letzte Hexenprozess in den lodernden Flammen eines Scheiterhaufens sein Ende fand.

Ein gelehrter Pucks

Von den Pucks wissen wir schon, dass sie Kobolde sind. Die seltsame Begegnung allerdings, von der ein Küster zu berichten wusste, lässt uns dann doch etwas grübeln.

In einem Dorf in der Nähe von Wichmannsdorf war der Küster auf dem Weg zur Kirche, um zu läuten. Doch wie er den Turm erreichte, sah er in der Ecke einen Pucks mit roter Jacke und roter Kappe sitzen und in einem Buch lesen. Wie der Küster so gerade auf ihn zuging, erschrak der Pucks aber fürchterlich und war im nächsten Augenblick verschwunden.

Bisher war immer anzunehmen, das alles Übernatürliche mit der Christianisierung sein Ende fand und damit seinen Platz in mehr oder weniger grauer Vorzeit zugewiesen bekommt. Nun ist es aber gar ein Küster, nicht etwa ein katholischer Messdiener, sondern ein evangelischer Kirchendiener, der solch einem übernatürlichen Wesen begegnet und die Erscheinung damit nahe an unsere heutige Zeit heran führt. Letztendlich beweist das eigentlich nur, wie lange überliefertes Gedankengut auf dem Lande weiter in den Köpfen einfacher Menschen seinen Platz hatte. Halten wir aber dennoch fest: Der Pucks ist ein wirklicher uckermärkischer Kobold, ein Einzelgänger und – wie die meisten seiner Verwandten – recht gutartig. Wer früher einen Pucks im Hause hatte und ihn gut hielt, der konnte sich glücklich schätzen, denn das winzige, kaum zwei Fuß große Männchen mit riesigen Kräften, das sich durchaus mal in ein Kalb, einen Kater oder in ein schwarzes Huhn verwandeln konnte, arbeitete unermüdlich und schaffte seinem Besitzer Reichtümer heran. Freundlichen Leuten gegenüber zeigte er sich stets wohl gesonnen und hilfreich; wer aber nicht gut zu ihm war, mit dem trieb der Kobold seinen Schabernack. Nur wo ein Pucks wirklich unnötig gereizt wurde, da war er auch zu gröberem Unfug bereit und richtete zum Schrecken seiner Umgebung gelegentlich Unheil an.

Doch eine Frage bleibt – in welchem gelehrten Buch mag der Pucks unserer Sage wohl gelesen haben? Auch wenn wir mit einiger Gewissheit ausschließen können, dass es eine Bibel war ... die hätte der Küster selbst in der Eile sicher erkannt. Es ist nicht überliefert! Immerhin ist ein des Lesens mächtiger Kobold schon erstaunlich und lässt uns diese Sage in die Zeit der Einführung der allgemeinen Schulpflicht versetzen. Auf diesem Gebiet wurde in der Herrschaft Boitzenburg schon früh Vorbildliches geleistet. Bereits 1710, also 53 Jahre vor Einführung der allgemeinen Schulpflicht in Preußen, hatte Georg Dietloff von Arnim die Einwohner seiner Dörfer angewiesen, ihre Kinder vom fünften Lebensjahr an „sommers wie winters" zur Schule zu schicken. Vier Jahre später ermöglichte er zudem durch eine wohltätige Stiftung zwölf Kindern, deren Eltern das Schulgeld nicht aufbringen konnten, einen kostenlosen Schulbesuch. Trotzdem musste bei der Schulvisitation noch 1724 beklagt werden, dass viele Eltern ihre Kinder zu Hause behielten und sie ohne Gotteswort aufwachsen ließen – woraus „Gottlosigkeit, Ruchlosigkeit und anderes böses Wesen" in der Gemeinde entstünde. Doch setzte sich die Erkenntnis durch, dass nur die allgemeine Hebung des Bildungsniveaus dem noch immer verbreiteten Aber- und Gespensterglauben endgültig den Garaus machen konnte.

So hieß es von einem etwas herausragenden Stein über dem Turmeingang von Boitzenburgs „St. Marien auf dem Berge", dass er angebracht worden sein soll, damit sich an ihm böse Geister den Kopf einstoßen. Warum dies aber von innen erfolgte, darüber hat sich offensichtlich niemand Gedanken gemacht. Dergleichen gab es seinerzeit sicher noch mehr. Einige Zeit werden die Kinder damals also auf ihrem Weg zur Schule noch von den Geistern und Kobolden begleitet worden sein, ehe sie auf nimmer Wiedersehen aus der Realität verschwanden und sich seither nur noch in der fabelhaften Wunderwelt der Märchen- und Sagenbücher ihren Fortbestand sichern können. Eine wirklich tragende Rolle ist einem Pucks in Gestalt eines grauen Katers bisher nur noch einmal zugekommen, das war 1987 in dem Kinderbuch „Jux mit Pucks in der Uckermark" von Achim Elias und Rudolf Peschel.

Die Glocken von „St. Marien auf dem Berge"

Was über die Herkunft der alten Boitzenburger Glocke erzählt wurde, aber dann wohl später doch in Vergessenheit geriet, gehört glücklicherweise zu den ältesten aus unserer Region aufgezeichneten und gedruckten Sagen. Sie blieb uns unter Nummer 62 des bereits 1848 in Leipzig gedruckten Bandes „Norddeutsche Sagen" erhalten.

Von dieser alten Glocke im Boitzenburger Kirchturm wird berichtet, dass sie vor langer Zeit aus einem See bei Mahlendorf hervorgekommen sei. Vier Pferde wären zuerst vorgespannt worden, die sie hätten fortbringen sollen, doch die Pferde konnten sie nicht von der Stelle bewegen. Schließlich – so wurde erzählt – versuchte man es mit zwei Ochsen und die brachten die Glocke mit Leichtigkeit nach Boitzenburg.

Freuen wir uns zunächst über die feine Ironie die in dieser Sage steckt. Im Weiteren gehen wir aber sicher nicht fehl in der Annahme, dass es sich bei dem „See" nur um den unterhalb Mahlendorfs gelegenen, langgezogenen und malerisch in die Landschaft eingebetteten Großen Küstrinsee handeln kann. Das wäre nach dem Großen Warthesee, dem Stroitzsee und dem verschwundenen Kolk nun schon der vierte See der Umgebung, in dem sich eine Glocke befunden haben soll. Mahlendorf war ursprünglich ein Bauerndorf, sogar mit eigener Kirche. Von ihrem Schicksal wurde schon berichtet. Später ist die Feldmark hier aufgeforstet worden und heute finden sich neben dem 1878 ursprünglich braun-weiß im Fachwerkstil errichteten Jagdschlösschen, das seit 1996 in Blau-Weiß strahlt, nur noch knapp eine Hand voll Gebäude. Für den Besucher reizvoll ist ein Abstecher zum Großen Stein, nur wenig hinter dem Ortsausgang rechts des Weges nach Küstrinchen. Der immerhin 4,30 Meter hohe Koloss mit einem Umfang von knapp zehn Metern ist 1939 mit viel Mühe und Aufwand im Auftrag des Grafen Joachim Dietlof von Arnim-Boitzenburg aus der sechs Kilometer entfernten Abteilung 4 der Metzelthiner Forst herangeschafft worden. Bereits 1938 freigelegt, war er ein Geburtstagsgeschenk des Grafen für seine Frau Luise.

Doch schauen wir uns im Boitzenburger Kirchturm etwas genauer um. Seit der Sanierung des Turmes ist der Aufstieg möglich. Noch heute hängt dort eine alte Glocke von

115 Zentimeter Durchmesser, die zwischen glatten Linien und Kreuzen auch mehrere Reliefmedaillons aufweist. Im Einzelnen stellen sie die Verkündigung, die Kreuzigung, die Auferstehung, ein Fabelwesen, ein Adlerschild und eine Vogelgruppe dar, die ihrem Stil nach ins 14. Jahrhundert gehören. Sie muss damals in einem frei stehenden Glockenstuhl gehangen haben, denn die Kirche, die bereits 1271 als unter dem Patronat des Klosters Boitzenburg stehend erwähnt wurde, hatte zunächst keinen Turm. Der wurde erst um 1600 an die ursprünglich schlichte Feldstein-Saalkirche angebaut, wie sie damals noch in den meisten Dörfern als Gotteshaus und feste Zufluchtsstätte in unsicheren Zeiten üblich war. In den folgenden Jahrhunderten wurde „St. Marien auf dem Berge" dann schrittweise zu ihrer heutigen beeindruckenden Größe und Schönheit erweitert. Dem später sogar noch um ein Geschoss mit barockem Zierrat erhöhten Turm war um 1700 zunächst die Erweiterung des Kirchenschiffs um den Polygonal-Chor gefolgt. In diesem Zuge entstand auch schon ein erster Südanbau, der um 1840 – zusammen mit der Ausführung des Nordanbaus – noch einmal erneuert werden musste und bis heute die Patronatsloge beherbergt, unter der einst das Schlossgesinde seinen Platz hatte. Der großzügig ausgelegte Glockenstuhl im Turm aber lässt selbst Laien vermuten, dass in ihm einst mehrere Glocken ihren Platz hatten oder dass er doch zumindest dafür vorgesehen war. Ihrem am 15. April 1933 verstorbenen Patron Dietlof Graf von Arnim-Boitzenburg wollte die Kirchengemeinde eine ganz besondere Ehre erweisen und so stiftete sie ihm eine neue Glocke, die ihren Platz im Kirchturm finden sollte. Schon im Jahr darauf, am 15. April, seinem ersten Todestag, konnte die feierliche Glockenweihe stattfinden, die Pastor Miehe mit Superintendent Biederstaedt vornahm. In diesem Zusammenhang wird eine weitere kleine Glocke erwähnt, die sich neben der alten im Turm befand. Über ihren Verbleib ist seltsamer Weise nichts genaues bekannt, und auch an der großen neuen Glocke hatten die Boitzenburger nicht lange Freude. Als im Zweiten Weltkrieg die Kirchenglocken für Rüstungszwecke abgegeben werden sollten, entschloss sich die Kirchengemeinde zugunsten ihrer alten auf die neue Glocke zu verzichten, die im Gegensatz zur Warther Glocke tatsächlich eingeschmolzen wurde. So klingt heute die alte Glocke ganz allein vom Boitzenburger Kirchturm herab.

Kutschen und ein Goldschatz

In die Zeit zwischen 1806 und 1812 führt uns die Sage von der im Wichmannsdorfer Haussee versunkenen Kriegskasse Napoleons. Von der französischen Begleitmannschaft seien die Pferde damals an einer vermeintlich flachen Stelle samt Kutsche zum Tränken in den See getrieben worden und schon nach kurzer Zeit auf nimmer Wiedersehen versunken. Jeder Versuch, Pferde, Kutsche oder die schwere Kasse aus dem Wasser zu retten, kam zu spät. Allerdings ist es auch bis in unsere Tage nicht gelungen, den Schatz zu heben. Über die Jahre weiß inzwischen sogar niemand mehr mit Gewissheit zu sagen, wann und wo genau die Kutsche damals im See verschwand. Manche meinen, diese Geschichte sei schon 1806 passiert, was einer gewissen Logik nicht entbehrt. Kaum zwei Wochen nach der für Preußen so verhängnisvollen Schlacht bei Jena und Auerstedt hatten die flüchtenden preußischen Heerhaufen und die sie verfolgenden Franzosen die Uckermark erreicht. Ende Oktober des Jahres überschlugen sich die Ereignisse in unserer Gegend. Der damalige Wichmannsdorfer Pfarrer Nicolaus Samuel Carsted wusste zu berichten, dass es am 27. Oktober hier von 3 Uhr „bis in die sternhelle Nacht 7 Uhr" hinein ein schweres Gefecht zwischen der französischen Armee und Teilen des preußischen Korps des Fürsten Hohenlohe gegeben hätte, das „sich am See über 4 Ruthen an der Koppel" entlang zog. Dabei gerieten 160 Preußen in Gefangenschaft, 45 verletzte Preußen und 31 Franzosen mussten anschließend versorgt werden, während „seine Kaiserlich Königliche Hoheit Joachim Großherzog von Berg, Prinz Murat, Schwager des Kaisers und Königs Napoleon ... mit 25 Generalen und 60 Offizieren in der Pfarre ... übernachtete". Der Hauptteil des Korps Hohenlohe erreichte nach nächtlichem Marsch mit 10.000 Mann am folgenden Morgen Prenzlau und bezog Stellung vor dem Stettiner Tor. Die Franzosen hingegen nisteten sich offenbar auch in Boitzenburg und Hardenbeck ein. Damit schoben sie einen Riegel zwischen die preußische Hauptarmee und einen weiteren, recht zusammengewürfelten preußischen Heerhaufen unter der Führung von Scharnhorst und Blücher, der bei Lychen einen halben Rasttag eingelegt hatte und sich mit der Hauptarmee vereinen

wollte. An diesem 28. Oktober plünderte französische Infanterie auf schrecklichste Weise in Wichmannsdorf. In Boitzenburg wurden „die Branntweinfässer zerschlagen, die Kessel umgestürzt und sämtliche Reitpferde des Grafen fortgeführt". Der die 35 Kilometer von Lychen nach Boitzenburg heranrückende Blücher befahl seinen Leuten, sich in die vom Feind besetzten Dörfer hineinzuschlagen, denn – so schlussfolgerte er völlig richtig: „Ist der Feind schon wirklich in Boitzenburg, so kann es doch keine ganze Armee sein". Murat aber, dem kaum 1500 Mann zur Verfügung standen, hatte Zeit gewonnen und gaukelte den Preußen vor Prenzlau vor, von einer ganzen französischen Armee umstellt zu sein. Der Bluff gelang und Hohenlohe kapitulierte. Blücher erfuhr erst am 29. Oktober gegen 5 Uhr und schon auf dem Weg von Boitzenburg nach Prenzlau von dieser schmachvollen Kapitulation. Er ließ sofort wenden und marschierte in Richtung Feldberg weiter. Für den von ihm geführten Haufen begann ein Leidensweg. Ein ernst zu nehmender Gegner war dieser Rest der preußischen Armee für die Franzosen nun wirklich nicht mehr.

Doch zurück zur Sage von der versunkenen Kutsche im Wichmannsdorfer Haussee. Dass Murat bei seiner Verfolgungsjagd die ganze Kriegskasse mitgeschleppt haben soll, ist wohl ziemlich unwahrscheinlich. Sie hätte seine Beweglichkeit nur behindert.

Spannenderweise gibt es aber eine weitere Sage, die, aus Bebersee überliefert, von „Napoleons Goldwagen" berichtet. Er soll mit Gold und anderen Schätzen gefüllt 1812, als die kümmerlichen Reste von Napoleons geschlagener „Großen Armee" halb verhungert und zerlumpt aus Russland zurückkehrten, in den Wäldern bei Vietmannsdorf überfallen worden sein. Die Schätze hätte man an Ort und Stelle vergraben. Zwar wären sie ebenso noch nicht wieder gefunden worden, doch würde es an dieser Stelle jetzt spuken. So unwahrscheinlich das letztlich auch in unseren Ohren klingt, ist der Verlust oder das Verstecken eines Schatzes auf der Flucht doch allemal wahrscheinlicher. Bis in unsere Tage ist in alteingesessenen Familien so manche Geschichte „ut de Franzosentied" erhalten geblieben, die Ausdruck des Widerstandes der einfachen Bevölkerung gegen die französischen Besatzer ist. Ihr Aufatmen manifestiert noch heute eine schlichte Holztafel in der Berkholzer Kirche mit der Aufschrift: „Frieden und Befreyung gab der Herr den von der Französischen Tyranney gedrückten Völkern den 31. März 1814".

Nach Berkholz führt uns auch die Sage vom Postbruch. In einer stürmischen Nacht, in der man keinen Hund vor die Tür jagen würde, sei die Postkutsche am Wegguner Ende vom Weg abgekommen, erzählte man. Die Wagenspuren ließen sich am nächsten Tag noch bis zu einem Bruchloch mitten auf dem Feld verfolgen, doch die Kutsche war verschwunden. Zur Erinnerung an dieses seltsame Ereignis wird das Bruchloch noch immer „Postbruch" genannt. Im Gedächtnis ist vielen älteren Wichmannsdorfern auch geblieben, wie ein Panzer die alte Trift herab kommend, an einem sonnigen Frühherbsttag Ende der 50er Jahre in den Haussee rollte und plötzlich versank. Glücklicherweise kam niemand zu Schaden, selbst der Fahrer hatte sich noch aus dem Wasser retten können, ehe es mit viel Mühe in einwöchiger Arbeit gelang, den Stahlkoloss wieder an Land zu ziehen. Das beweist zumindest, dass der kleine Wichmannsdorfer Haussee nicht zu unterschätzen ist.

Die Weiße Frau

Schon in Zusammenhang mit wüsten Kirchen war von Geistern die Rede, die sich dort herumtrieben. In Ruinen alter Klöster, auf Bergen, in Burgen und Schlössern begegnet uns in vielen Sagen aber auch die Weiße Frau. Sie erscheint gewöhnlich als Ahnfrau edler Familien in lange weiße Gewänder gehüllt, den Kopf oft mit einer Haube bedeckt, an der ein nach hinten geschlagener langer Witwenschleier hängt. Die bekannteste dieser Spukgestalten ist wohl die des einstigen Berliner Schlosses, über deren Identität sich ganze Generationen den Kopf zerbrachen, bis das Schloss selber in Schutt und Asche versank. Immer wieder erhielt die Sage von der Weißen Frau im Hohenzollernschloss neue Nahrung. Mal erschien sie als Schutzgeist und mal als unheimlicher Rachegeist. Wenn sie – wie es oft geschah – einen Todesfall im Herrscherhaus ankündigte, hat sie an beiden Händen meist schwarze Handschuhe getragen. Schon Joachim II. soll so alle Todesfälle durch sie erfahren haben, aber erst beim Tod Johann Georgs 1598, des Kurfürsten nach ihm, wird erstmals öffentlich von dieser Spukgestalt berichtet. Beim Schlossbau 1709 ist angeblich in einer Mauer dann ein weibliches Skelett gefunden worden, das man für das der Weißen Frau hielt. Auf dem Domkirchhof bestattet, hoffte man damals die Verwünschte erlöst und dem Spuk ein Ende bereitet zu haben, doch noch 1713, beim Tod König Friedrichs I., soll die Weiße Frau wieder ihre behandschuhten Hände im Spiel gehabt haben. Als sie sich dann aber selbst unter Friedrich Wilhelm I. wieder zeigte, hätte der kurzen Prozess gemacht. Er ließ sie von der Wache verhaften und an den Pranger stellen. Wer da angeprangert wurde, ist leider nicht überliefert. Doch das Spuken hätte tatsächlich aufgehört. Wie wir aber schon an anderen Beispielen gesehen haben, ließ sich der Gespenster- und Aberglauben nicht so leicht aus den Köpfen vertreiben, und man hat die Weiße Frau angeblich noch 1840 im Berliner Schloss gesehen. Da aber war reine Zahlenmagie im Spiel, denn außer 1540 war im 40. Jahr eines jeden Jahrhunderts ein Hohenzollernfürst verstorben und man bangte zu dieser Zeit um das Leben von König Friedrich Wilhelm III., der unglücklicherweise am 7. Juni 1840 verstarb. Für die Hohenzollern

war der Spuk dann aber wirklich vorüber. Ob es dieselbe Weiße Frau ist, die in Boitzenburg wiederholt am Vorabend eines furchtbaren Ereignisses – zuletzt am 31. August 1939, dem Abend vor Beginn des Zweiten Weltkrieges – am Apollotempel gesehen wurde, darf getrost bezweifelt werden. Trotzdem das Geschlecht von Arnim den Hohenzollern stets treu gedient hat, die Kaiserin Auguste Victoria am 22. Juni 1911 zu Gast in Boitzenburg weilte und Kaiser Wilhelm II. gar vom 10. – 13. September 1911 – während des Kaisermanövers – im Schloss logierte – auf die Idee, deshalb auch noch die Hausgeister zu übernehmen, wäre gewiss keiner gekommen. Außerdem ist der Apollotempel im Boitzenburger Landschaftspark erst 1855 errichtet worden. Wer weiß, wer da wem einen üblen Streich spielen wollte. Erstaunlich ist immerhin, wie jung die Weiße Frau in Boitzenburg im Verhältnis zu all den anderen ist, von denen Sagen zu berichten wissen.

Selbst die Weiße Frau im Kloster Chorin, die lange Zeit des Nachts mit einem großen Schlüsselbund an der Seite durch die weiten Gänge des Klosters geschlurft sein soll, ist nicht mehr aufgetaucht, seitdem ihr einer nachgerufen hat: „Guck, die hat ja gelbe Pantoffeln an!" Auch in Boitzenburg ist die Zeit der Haus- und Poltergeister vorbei und so wie die oft in strahlendes Weiß gekleideten Bräute und ihre Zukünftigen, die sich heute bei gutem Wetter gern im Apollotempel vis-a-vis des ihm zu Füßen liegenden Schlosses, ihr Ja-Wort geben, wird das Leben selbstbewusst in die eigenen Hände genommen.

Räuber und ein Riese

Durch Haßleben führt die B 109, über Gerswalde und Kaakstedt besteht heute ein günstiger Autobahnanschluss. Seit seiner Gründung lag der Ort verkehrsgünstig an sich kreuzenden Handelswegen, was seinen Bewohnern lange einen gewissen Wohlstand und schon zu Beginn des 15. Jahrhunderts die Existenz gleich zweier Krüge sichern konnte. Im Dorfkrug wurden schon von alters her Neuigkeiten ausgetauscht, alte Geschichten erzählt und neue erfunden. Da mag auch manch Fremder eingekehrt sein, der sich am Stammtisch der Einheimischen nach der Herkunft des eigenwilligen Ortsnamens erkundigte und die ihm dann ernst blickend, von Zeit zu Zeit genüsslich an ihren Pfeifchen ziehend, eine Geschichte aufgetischt haben. Mochte sie der Gast dann glauben oder nicht.

Eigentlich hieß der Ort früher Herzleben, erzählten sie. Im Dreißigjährigen Krieg aber hätte sich in dem verwüsteten Dorf eine Räuberbande eingenistet und ihr Unwesen getrieben. Jedem Reisenden, dem es überhaupt gelang, mit heiler Haut davon zu kommen, lehrte sie das Fürchten. Das ging eine ganze Zeit so. Der Ort war bald so verschrien, dass keiner mehr den alten Namen gebrauchen wollte. Hinter vorgehaltener Hand wurde die Gegend bald nur noch „Haßleben" genannt. Schließlich ist Herzleben ganz in Vergessenheit geraten, und so ist denn aus ihm das heutige Haßleben geworden.

Wie fast überall variierte die Schreibung des Ortsnamens hier im Laufe der Jahrhunderte. Aus dem 1317 erwähnten „heresleve" wird sechs Jahre später „Herslev", 1375 Herstleve und 1540 Herschlebe. Zwar wird 1684 noch einmal von „Heßleben" geschrieben, doch bereits 1617 hatte sich die noch heute übliche Schreibung durchgesetzt. Also bereits vor Ausbruch des Dreißigjährigen Krieges. Das ursprüngliche Bestimmungswort deutet nicht etwa wie in der sagenhaften Auslegung auf „Herz", sondern auf den Harz als Herkunftsraum für den Gründer und sicher auch die ersten Siedler des Ortes (ebenso wie in Kaakstedt). „Hars" wie in „Harsleben" war ein dort gebräuchlicher Name,

und vom Harzkloster Walkenried ist zudem bekannt, dass es sogar Besitzungen in der Uckermark hatte. Ob hier im Dreißigjährigen Krieg eine berüchtigte Räuberbande ihr Unwesen trieb, ist zwar nicht sicher, doch wissen wir gerade aus dieser Zeit von der allgemeinen Verrohung der Sitten, die andernorts bis zu nachweislichen Fällen von Kannibalismus führte. Allzu sensibel wurde mit fremdem Eigentum aber schon lange vor dem großen, europäischen Krieg nicht umgegangen. Das betraf alle Schichten der Bevölkerung, auch wenn wir heute über Diebstähle und Räuberei der Edlen Herrn im Grenzgebiet meist besser informiert sind. Sie wurden damals als „Landfriedensbruch" geahndet, kamen direkt vor den Landesherrn und sind daher aktenkundig. So raubte etwa der aus dem mecklenburgischen Prillwitz stammende Ritter Zabel von Dewitz am 15. August 1437 in Haßleben sechs Pferde, in Warthe wenig später vier und in Mahlendorf zwei Ochsen. Dem folgte in der Regel nur die Aufrechnung der erlittenen Schäden beim Landesherrn des Raubritters. Von Gerechtigkeit konnte da kaum die Rede sein. Lange Haft war selbst für Ergriffene nicht üblich. Bei der Masse der aus dem niederen Volke stammenden Delinquenten wurde gewöhnlich kurzer Prozess gemacht. Typisch für sie war, was Achim Staub erwartete, als er 1578 beim Verhör gegenüber dem Scharfrichter den Diebstahl eines Pferdes in Haßleben und „noch mehr gestanden" hatte. Er wurde verurteilt, „mit dem Rade durch Zerstörung der Glieder vom Leben zum Tode gerichtet" zu werden.

Um nun nicht den falschen Eindruck zu erwecken, dass Haßleben ein Räubernest wäre, sei eine weitere Sage aus diesem Ort zumindest erwähnt. Sie berichtet über einen in der Feldmark des Dorfes liegenden großen Findlingsblock. Den hätte in grauer Vorzeit ein auf einem Berg bei Prenzlau stehender Riese auf Gerswalde werfen wollen, sein Ziel aber verfehlt. Noch heute wären seine Fingerabdrücke auf dem Stein zu finden. Wo und ob dieser Stein noch vorhanden ist, das lässt sich vielleicht bei einem rustikalen Mahl im Dorfkrug erfragen. Ansonsten bleibt nur darauf hinzuweisen, dass dieser Riese vielleicht derselbe war, der seinerzeit schon die Boitzenburger Kirche mit seinem Wurfgeschoss verfehlte. Wer sich nicht mehr erinnern kann, der schlage im ersten Kapitel nach, lese wieder von vorn oder überzeuge sich vor Ort, was es alles zu entdecken gibt.

Orts- und Personenregister

Zimmermann, Gertrud (Frau von Jacob Wilhelm)
*   S. 55*
Zimmermann, Jacob Wilhelm (Bauer aus Zollchow,
*   um 1598) S. 55*
Zollchow S. 55

(Soweit nicht anders vermerkt, sind in Klammern
die Lebensdaten gesetzt.)

Verwendete Literatur

AG für uckermärkische Geschichte im Geschichts- und Museumsverein Buchholz und Umgebung / Uckermärkischer Geschichtsverein zu Prenzlau (Hrsg.): Uckermärkische Hefte Band 2, Selbstverlag Hamburg 1995.

Amman, Jost: Das Ständebuch, (Insel-Bücherei Nr. 133) Insel-Verlag, Leipzig 1975.

Arnim, Sieghart Graf von: Dietlof Graf von Arnim-Boitzenburg 1867–1933, C. A. Starke Verlag, Limburg an der Lahn 1998.

Arnim, Sieghart Graf von: Friedrich Wilhelm Graf von Arnim (1739–1801), C. A. Starke Verlag, Limburg an der Lahn 2005.

Arnswaldt, Werner Konstantin von / Devrient, Ernst (Bearb.): Das Geschlecht von Arnim, 2. Teil 1. Band - Die Hauptstämme Zichow und Zehdenick, Selbstverlag der Familie, Druck A. Mieck - Prenzlau 1923.

Arnswaldt, Werner Konstantin von / Devrient, Ernst (Bearb.): Das Geschlecht von Arnim, 2. Teil 2. Band - Der Hauptstamm Gerswalde, Selbstverlag der Familie, Druck A. Mieck - Prenzlau 1922.

Autorengruppe: Abgründe - Verbrechen, Prozesse und Gerichtsprotokolle aus der Geschichte der Ucker-mark, Vogelsang Verlag, Schmölln 2007.

Badstübner-Gröger, Sibylle (Hrsg.) - Bluhm, Beatrix: Schloss Boitzenburg, (Schlösser und Gärten der Mark) 2. völlig neubearbeitete Aufl., Berlin 2004.

Benthin, Hans: 700 Jahre Berkholz 1288–1988, Selbstverlag, Berkholz 1988.

Crepon, Tom: Leberecht von Blücher – Leben und Kämpfe, Verlag Neues Leben Berlin 1988.

Die Kunstdenkmäler der Provinz Brandenburg, Band III / 2 Kreis Templin, Berlin 1937.

Drewitz, Ingeborg (Hrsg.): Maerkische Sagen - Berlin und die Mark Brandenburg, 3. Aufl., Ullstein Verlag, Frankfurt/M. u. Berlin 1990.

Elias, Achim / Peschel, Rudolf: Jux mit Pucks in der Uckermark, 1. Aufl., Verlag Junge Welt Berlin 1987.

Enders, Lieselott: Die Uckermark – Geschichte einer kurmärkischen Landschaft vom 12. bis zum 18. Jahrhundert, Verlag Hermann Böhlaus Nachfolger, Weimar 1992.

Enders, Lieselott: Historisches Ortslexikon für Brandenburg – Teil VIII Uckermark, Hermann Böhlaus Nachfolger Weimar 1986.

Feske, Klaus und Ingrid: Chronik der Gemeinde Warthe, Teil I + II, Selbstverlag Berlin 2005.

Hofmann, Peter: Mecklenburg-Strelitz – Eine Region im Auf und Nieder der Geschichte, Betzel Verlag GmbH, Nienburg 2001.

Kirchner, Ernst Daniel Martin: Das Schloss Boytzenbug und seine Besitzer, insonderheit aus dem von Arnimschen Geschlechte, Verlag von Alexander Duncker, Berlin 1860.

Krausch, Heinz-Dieter / Schmidt, Werner: Das Feldberger Seengebiet, (Werte der Deutschen Heimat - Bd. 57), Verlag Böhlaus Nachfolger Weimar 1997.

Kulturarche Prenzlau (Hrsg.): Heimatkalender Prenzlau 1996, 39. Jahrgang, Prenzlau 1995.

Larsen, Günther / Wolff, Maren: Aus der Geschichte des Ortes Wichmannsdorf - Eine Kurzchronik, Neubrandenburg 2007.

Materna, Ingo / Ribbe, Wolfgang / Baudisch, Rosemarie / Engler, Harald / Holtz, Bärbel / Kotsch, Detlef: Geschichte in Daten - Brandenburg, Koehler & Amelang München / Berlin 1995.

Matthies, Elisabeth: Aus der Geschichte des Dorfes Hardenbeck, Selbstverlag Hardenbeck o. J.

Museum der Stadt Schwedt (Hrsg.): Schwedter Jahresblätter 9/1988 - Volkskunde der Uckermark, Eberswalde 1988.

Petzoldt, Leander: Einführung in die Sagenforschung, 3. Aufl., UVK Verlagsgesellschaft mbH, Konstanz 2002.

Röhnisch, Fritz: Volkssagen aus dem Kreis Templin, (Heimatschriften des Kreises Templin - Heft 5) Templin 1963.

Schmidt, Rudolf: Sagenschatz der uckermärkischen Kreise Prenzlau und Templin, Verlag C. Vincent, Prenzlau 1922.

Templiner Heimatklub (Hrsg.): Templiner Kreiskalender 1991, Templin 1990.

Templiner Heimatklub (Hrsg.): Templiner Heimatkalender 1994, Zehdenick 1993.

Templiner Heimatklub (Hrsg.): Templiner Heimatkalender 1996, Templin 1995.

Templiner Heimatklub (Hrsg.): Templiner Heimatkalender 2002, Schibri-Verlag, Milow 2001.

Templiner Heimatklub (Hrsg): Templiner Heimatkalender 2005, Schibri-Verlag, Milow 2004.

Uckermärkischer Geschichtsverein zu Prenzlau (Hrsg.): Mitteilungen des Uckermärkischen Geschichtsvereins zu Prenzlau, (Heft 7) Prenzlau 1998.

Uckermärkischer Geschichtsverein zu Prenzlau (Hrsg.) – Theil, Jürgen: Prenzlauer Stadtlexikon und Geschichte in Daten, (Arbeiten des UGVP Bd. 7) 1. Aufl., Prenzlau 2005.

Vereins-Vorstand (Hrsg.): Mitteilungen des Uckermärkischen Museums- und Geschichts-Vereins zu Prenzlau, I.Band / Prenzlau 1901 (Reprint, Prenzlau 1993).

Wauer, Sophie: Ortsnamenbuch der Uckermark, (Arbeiten des UGVP - Bd.2) Prenzlau 2000.

Zentralstelle für Deutsche Personen- und Familien-Geschichte (Hrsg.): Das Geschlecht von Arnim, I. Teil - Urkundenbuch, Verlag von H.A. Ludwig Degener, Leipzig 1914.

Danksagung

Wir sind sehr glücklich darüber, dass es uns in so kurzer Zeit gelungen ist, ein ganz besonderes Sagenbuch zu veröffentlichen. Einen großen Anteil daran haben die Darsteller auf den Fotos, denen wir an dieser Stelle unseren Dank aussprechen möchten. Sie alle sind Einwohner des Boitzenburger Landes, einige sind Mitglieder der Theatergruppe „Die Mühlengeister". Die wunderschönen Kostüme verdanken wir zum Großteil Annette Abert vom Kostümverleih in Röddelin. Mit weiteren Kostümen und Requisiten unterstützten uns Dorle Hahn, Georg Schäfer, Jörg Voigt, Uta Scherlipp und Eric Fürstenau. Eine Herausforderung waren die Aufnahmen mit Tieren. Den Besitzern und „Tierbändigern" Heinz Köntopp, Frank und Marianne Gemkow, Sabine Müller-Albrechts, Uwe Heise sowie Lothar Voigt sei für ihre Geduld gedankt. Den wohl größten Anteil an der Entstehung der Fotos hatte Vera Czudaj, die sich als phantastische Assistentin erwies. Bei der technischen Bearbeitung unterstützte uns Sven Tiedemann.

Danken möchten wir auch jenen, die sich an viele kleine Details erinnerten oder sich die Zeit nahmen, unsere Informationen zu prüfen. Dazu gehörten Gerhard Kegel, Christine Stelzer, Jürgen Theil, Franz Witthuhn, Lothar Lipke, Bernd Lehmann, Helga Domke und Helga Winter.

Am Schluss sei Matthias Schilling vom Schibri-Verlag gedankt, der an unsere Idee glaubte und uns die entsprechenden Freiräume ließ.

Auf den Fotos wirkten der Reihe nach mit:
Ann-Katrin Mende und Elisabeth Pritzkow
Bernhardt Rengert
Doris Kohlschmidt
Jörg Knüppel, Eckhard Schiller sowie Schaf Susi mit Lamm
Gabriele Kemnitz und Joachim Franzke
Dietrich Rahn und Gerald Narr
Günther Kemnitz

Regine Rahn, Dietmar Koopmann sowie die Hunde Nosse und Mikka
Christina Knüppel
Hans Benthin und Christian Schulz
Olivia Schimmelpfennig
Antonia und Elisa Lehmann
Doris Bukow
Bärbel und Gerhard Sydow
Kristina Heimann, Jürgen Stohs sowie Kater Stübing
Helga Franzke und Martin Zobel
Volker Herzog, Ingrid Haase sowie Kuh Kunigunde
Marina Schiller, Heike Koopmann und Jürgen Bukow
Antje Heeder-Wilksch
Frank Jacob, Reinhard Schirowski, Ines Markgraf sowie Ferkel Mathilde